Elmar Engel
Die Navajos

Indianer-Titel bei Lamuv

James BraveWolf: Von nun an bin ich Kriegerin - Eine indianische Erzählung • Alexander Buschenreiter: Spuren des Großen Geistes - Indianische Weisheit der Gegenwart • Alexander Buschenreiter: Unser Ende ist euer Untergang - Die Botschaft der Hopi an die Welt • Walter Bauer: Grey Owl: Der weiße Indianer - Die Geschichte eines abenteuerlichen Lebens • Vine Deloria jr.: Nur Stämme werden überleben • Vine Deloria jr.: Gott ist rot • Häuptling Büffelkind Langspeer erzählt sein Leben • Häuptling Seattles Rede: Wie kann man den Himmel verkaufen? • Elmar Engel: Blackfoot, Cree, Mohawks ... - Zur Geschichte der Indianer im Norden Amerikas • Elmar Engel: Chief Joseph, Häuptling der Nez Percé • Elmar Engel: Die Comanchen und ihr Häuptling Quanah Parker • Elmar Engel: Crazy Horse - Häuptling der Oglala-Sioux • Elmar Engel: Geronimo und die Apachen • Elmar Engel: Anahareo und Grey Owl • Elmar Engel: Pontiac - Häuptling der Ottawa • Elmar Engel: Sitting Bull und die Sioux • Elmar Engel: Tecumseh und die Shawnee • Geronimo: Ein indianischer Krieger erzählt sein Leben • Elmar Engel: Uncas - Der letzte Mohikaner • Barry H. Lopez: Der listige Coyote - Was sich Indianer am Lagerfeuer erzählen • Carolyn Niethammer: Töchter der Erde - Legende und Wirklichkeit der Indianerinnen • Schwarzer Hirsch: Die heilige Pfeife - Das indianische Weisheitsbuch der sieben geheimen Riten • Schwarzer Hirsch: Ich rufe mein Volk - Leben, Visionen und Vermächtnis des letzten großen Sehers der Oglala-Sioux • Wäscha-kwonnesin: Ihre Mokassins hinterließen keine Spuren - Grau-Eule erzählt • Wäscha-kwonnesin: Im Land der Nordwinde • Wäscha-kwonnesin: Kleiner Bruder - Grau-Eule erzählt von Indianern, Bibern und Kanufahrten • Phillip Wearne: Die Indianer Amerikas - Die Geschichte der Unterdrückung und des Widerstands • Brigitte Weiprecht: Pocahontas und andere Töchter Manitous

Elmar Engel

Die Navajos

Lamuv Taschenbuch 290

Bitte fordern Sie unser kostenloses Gesamtverzeichnis an:
Lamuv Verlag, Postfach 26 05, D-37016 Göttingen
Telefax (05 51) 4 13 92
e-mail lamuv@t-online.de
www.lamuv.de

01 02 03 04 05 7 6 5 4 3 2 1

1. Auflage 2001
Originalausgabe

Umschlaggestaltung: Gerhard Steidl
unter Verwendung eines Fotos von Edward S. Curtis
Abbildungen: Archiv Elmar und Brigitte Engel
Gesamtherstellung: Steidl, Göttingen
Printed in Germany
ISBN 3-88977-590-X

Inhalt

Am Ende einer langen Wanderung

Irgendwann im 12. oder 13. Jahrhundert nach Christus tauchten im Südwesten der heutigen USA fremde Indianer auf. Sie waren - wenn sie in der warmen Witterung nicht ohnehin nackt gingen - in Felle gehüllt. Es war nichts Kunstfertiges an dieser Bekleidung, es waren grob gegerbte Antilopenfelle. Eins hing ihnen über die Brust, eins über den Rücken, an den Seiten waren die beidem Felle mit Bast zusammengebunden. Manche trugen nur ein einziges Fell mit den Vorderläufen vor der Brust verknotet. Die Männer waren schlank und sehnig, die Frauen kleiner, gedrungener. Sie hausten - so weit sie sich überhaupt die Mühe machten, eine Unterkunft zu erbauen - in primitiven, im Handumdrehen errichteten Reisighütten. Es waren Hütten, die sie ebenso schnell aufgaben, wie sie sie gebaut hatten.

Sie waren allesamt sehr scheu. Wenn die sesshaften Anasazi oder die Pueblo versuchten, sich den Fremden zu nähern, liefen sie davon und versteckten sich.

Sie waren Jäger, umherziehende Nomaden, und sprachen eine unverständliche Sprache. Außer ein paar einfachen Werkzeugen, die größtenteils aus Knochen, Horn oder Holz und seltener aus Stein gefertigt waren, besaßen sie nichts. Sie kannten keine Haustiere außer ein paar halb wilden Hunden. Sie verfügten nur über wenige Waffen. Wie man töpfert oder Körbe flechtet, war ihnen nicht bekannt. Sie hatten keine Häuptlinge, keine sonderlich einflussreichen Medizinmänner und veranstalteten nur wenige sichtbare oder bemerkenswerte Zeremonien.

Sie schienen nicht einmal einen gemeinsamen Namen zu haben. Sie bezeichneten sich allenfalls als Dineh, Dene oder Tineh - als Menschen. Wenn es den Anasazi oder Pueblo gelang, einen von ihnen einzufangen, was nur selten vorkam, und ihn mittels Zeichensprache nach seiner Herkunft zu befragen, so deutete er vage nach Norden. Das war alles, was aus ihm herauszubekommen war.

Erst nach und nach erfuhren die Alteingesessenen mehr über die Fremden. Ihre Autoritätsstrukturen waren schwach ausgebildet. Tief in ihnen verwurzelt war der Respekt vor dem freien Willen des Individuums. Da war niemand, der Befehle erteilen konnte; demnach gab es keine Anordnungen, nach denen sich alle richten mussten oder wollten.

Nichts weiter als die schiere Existenzsicherung bestimmte die Aktionen der Dene. Führerpersönlichkeiten kristallisierten sich nur von Zeit zu Zeit heraus, wenn Erfahrung und Geschick in entsprechenden Erfolg mündeten und ihr Beispiel nachgeahmt wurde. Doch versuchten diese Männer - in einigen Fällen auch Frauen - nie, ihren Anspruch durch äußeren Druck oder Gewalt durchzusetzen, sondern durch sehr subtile Suggestion und durch das eigene Beispiel die Übrigen zur Befolgung ihrer Absichten zu animieren. Jede Gruppe agierte unabhängig von der anderen. Alles - auch das religiöse Leben - drehte sich um die Jagd.

Die Neuankömmlinge lebten von der Hand in den Mund: Der Südwesten war und ist ein karges Land mit geringer Wilddichte. Die Antilopen und das Rotwild ästen in kleinen Rudeln weit verstreut und waren mit den vorhandenen Mitteln nur schwer zu erbeuten. Ein paar erlegte Karnickel bedeuteten einen Festbraten. Darüber hinaus mussten die Dene alles und jedes verzehren, was ihnen die staubtrockenen Mesas, die höllentiefen Canyons und die wenigen schütteren Wälder boten: kleine Nager wie die Packratten, Reptilien wie Schlangen und Echsen, Heuschrecken, Knollen, Samen und Nüsse jeglicher Provenienz. Es war eine armselige Existenz, am ehesten zu vergleichen mit derjenigen der späteren Paiute, der ärmsten der armen Indianer.

Die Dene kannten keine Töpfe, sondern kochten ihr Fleisch in mit Fellen ausgelegten Kochgruben oder in mit heißen Steinen erhitzten Behältern aus fein vernähter und mit Baumharz abgedichteter Baumrinde. Zugunsten größerer Beweglichkeit verzichteten sie auf größere, unhandliche Besitztümer.

Das so genannte tägliche Allerlei und die Spiritualität waren bei ihnen untrennbar miteinander verwoben. Da die Existenz dieser Menschen fast ausschließlich von der Jagd abhing, maßen sie den Tieren einen solch hohen Rang bei, dass sie sich ihnen nur unter Beachtung gewisser Tabus nähern und sie töten durften. Die Tiere - so glaubten die Neuankömmlinge - waren die Brüder und Schwestern der Menschen und hatten ursprünglich sogar Menschengestalt.

Eine besonders bedeutsame Rolle spielten die Träume des Jägers, aber auch die des Medizinmannes oder der Medizinfrau. Sie glaubten, nur wenn man sich in das Denken eines Tieres hineinversetzte, seine Reaktionen und Handlungen zu verstehen suchte, war der Erfolg möglich. Umgekehrt vermuteten diese Indianer, dass auch die Beutetiere über den Jäger genau Bescheid wüssten. Also mussten sein Handeln und auch seine Gedanken von Respekt und Zuvorkommenheit geprägt sein. Tiere gaben sich nach der Ansicht der Dene nur dann in die Hand des Jägers, wenn zwischen ihnen und ihm ein spiritueller Kontakt bestand.

Sie hielten sich an nur wenige weitere Tabus, doch die waren nicht nur in den Augen der Alteingesessenen bemerkenswert: Sie fürchteten den Tod so sehr, dass sie eine Reisighütte, in der einer ihrer Leute gestorben war, nie mehr betraten. Ferner verbannten sie die Mütter ihrer Töchter aus dem Gesichtskreis der Schwiegersöhne, sobald die jungen Leute zusammengezogen waren.

*

Die scheuen, struppigen, halb- oder ganz nackten Fremden waren nicht viele. Hier zeigte sich eine Hand voll dieser merkwürdigen Menschen, dort eine Familie, allenfalls erschien mal eine Gruppe von wenigen Dutzend Männern, Frauen und Kindern auf der Bildfläche. Sie schienen aus dem Nirgendwo aufzutauchen und wieder im Nichts zu verschwinden.

Die Alteingesessenen, die Anasazi und Pueblo, betrachteten die schlanken, groß gewachsenen, in ihren Augen aber armen und primitiven Barbaren mit einer Mischung aus Verwunderung, Verachtung und einiger Besorgnis. Die Medizinmänner befragten die Götter und erklärten: Wenn die Neuankömmlinge überhaupt ernst zu nehmen seien, dann nur weil sie eine Waffe besaßen, die den Keulen, Steinäxten und Speerschleudern der Anasazi und Pueblo überlegen war: Das waren bessere, weit tragendere Bögen und treffsicherere Pfeile.

Die Dene waren das letzte indianische Volk, das sich im Südwesten etablierte. Es waren die Urahnen der Navajos und Apachen. Sie verständigten sich mittels einer gemeinsamen Sprache. Sie hatten vor vielen, vielen Jah-

ren ihre bescheidenen Bündel geschnürt im fernen athapaskischen Norden. Sie waren abgewandert aus ihrer einstigen Heimat, den eisigen Tundren und borealen Waldregionen Alaskas und des kanadischen Nordwestens. Sie waren nach Süden gezogen und hatten sich im Südwesten der heutigen USA und darüber hinaus bis ins nördliche Mexiko hinein ausgebreitet.

Dieser Raum war jetzt ihre Heimat. Im Wesentlichen umfasste sie die heutigen US-Bundesstaaten Arizona und New Mexico. Wenn man will, kann man noch Teile von Colorado, Texas und Utah hinzurechnen, ebenso wie die nördlichen Teile der mexikanischen Provinzen Chihuahua und Sonora.

Wir wissen nicht viel über den Anpassungsprozess, dem sich diese Menschen unterworfen hatten. Sie kamen aus einer Region, in der es Wasser und Wald im Überfluss gab, in der ein einziger erbeuteter Elch eine Familie auf Wochen hin mit Essen versorgte. Eine Region, wo die Fische in der Vielzahl der Seen und Flüsse eine wichtige Nahrungsquelle darstellten.

Hier im Südwesten war alles anders: Wasser war eine Kostbarkeit geworden, Wald eine Seltenheit. Die Dene mussten eine große Zahl von Kleintieren erbeuten, um ihre Fleischtöpfe wenigstens halbwegs zu füllen. Doch ein Charakterzug dieser Menschen wurde schon seinerzeit sichtbar: Sie waren anpassungs- und lernfähig, sie konnten sich auf neue, unvertraute Bedingungen einstellen.

*

Was einzelne Gruppen der Athapasken letztendlich bewogen hatte, ihre Bündel zu schnüren und nach Süden zu ziehen, während andere blieben, ist bis heute ungeklärt. Nicht einmal die mündliche Überlieferung, nicht einmal die Legenden und Sagen der späteren Navajos und Apachen berichten von jenen Zeiten. Nach der Mythologie der Navajos haben ihnen die Götter das Land geschenkt, in dem sie heute leben, nach den Darstellungen der Geschichtenerzähler sind sie dort gewesen seit der Erschaffung der Erde, dem Anbeginn der Zeiten.

Sicher ist eins: Dieser Zug in wärmere, aber nicht unbedingt existenzfreundlichere Gefilde vollzog sich nicht in Form eines oder mehrerer geschlossener Heerzüge wie der Marsch der Germanen gen Süden, sondern in großen zeitlichen Abständen, in weit auseinander gezogenen kleinen Gruppen. Ungelöst ist auch das Rätsel, wie und warum gewisse Stämme unterwegs hängen blieben. Während wir die Toboso heute im nördlichen Mexiko finden, blieben die Sarcee in den westlichen kanadischen Prärien, die Yorok als jagende und fischende Küstenbewohner im nördlichen Kalifornien.

Die Stammesverwandten der Dene, die Slavey, Beaver, Hare, Kutchin, Han oder wie sie auch heißen mögen, die sich selbst in ihrer Gesamtheit ebenfalls Dene nennen, sind im Norden geblieben und leben auch heute noch in der Unendlichkeit der Ebenen und Wälder der subpolaren Regionen. Es besteht nach wie vor eine direkte Sprachverwandschaft mit diesen Tausende von Kilometern weiter weg, in extrem verschiedenen Lebensräumen wohnenden Menschen, obwohl der Kontakt seit über einem halben Jahrtausend abgerissen ist.

Das Wann, Wie und Warum der Wanderung der Dene über Tausende von Kilometern hinweg durch die unterschiedlichsten Vegetations- und Klimazonen, die Gründe, weshalb sie letztendlich ausgerechnet im Südwesten blieben, werden wohl auf immer und ewig unter dem

Mantel der Geschichte verborgen bleiben. Nicht einmal die Mythologie der Navajos gibt in dieser Hinsicht Aufschlüsse.

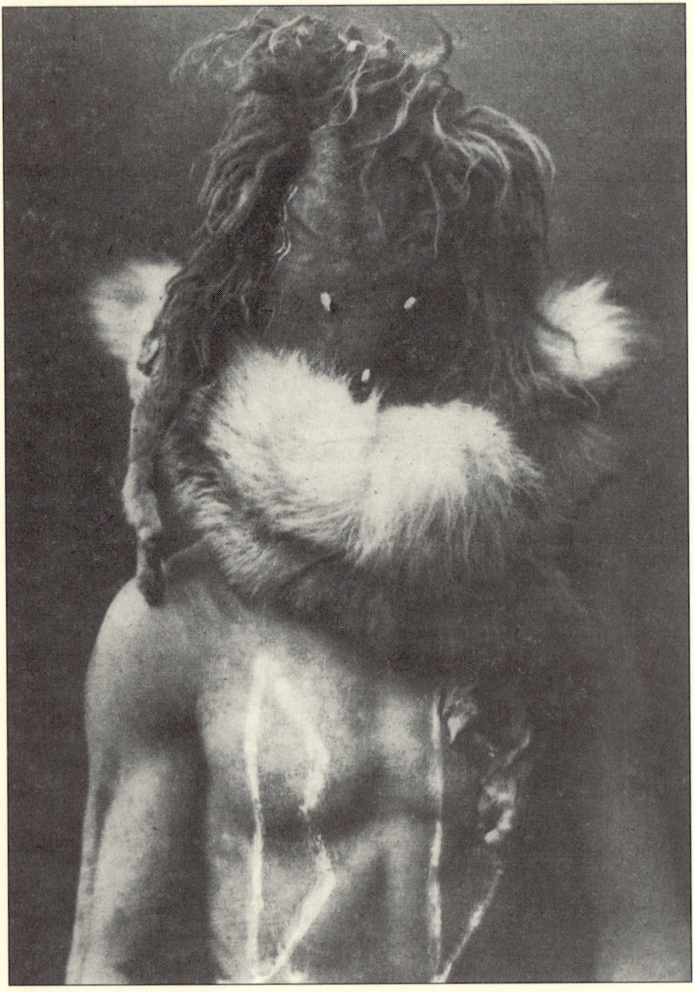

Navajo-Mann als Nayenezgoni (Mörder der fremden Mächte)

Von Helden und Monstern, Urtieren und Menschenwesen: Die Schöpfungsgeschichte der Navajos

Die Schöpfungsgeschichte der Navajos könnte große klassische Literatur sein oder werden, wenn sich einmal ein begnadeter Dene-Dichter findet, der sie niederschreibt. Es ist ein elementarer Gesang der gewaltigen Titanenkämpfe, ein Drama wagnerianischen Ausmaßes, durchaus im Rang der germanischen Götterdämmerung oder der biblischen Geschichte. Sie hat in manchen Augen nur einen Fehler: Sie ist nicht originär Navajo, sondern wie so vieles andere von den Pueblo, vor allem aber von den Zuni und Hopi entlehnt.

So ist es nun einmal. Die Navajos übernahmen die Grundzüge ihrer Mythologie von ihren Lehrmeistern, den Pueblo-Völkern. Aber sie verfeinerten sie, bauten sie aus und gaben den Himmelsmächten, den Göttern und Helden vorbildhaft-kriegerische, also ihre eigenen Charakterzüge.

Auch die Rituale, mit denen sie diesen hohen Geistern ihre Reverenz erwiesen, kopierten sie ziemlich genau von den Pueblo. Während die Pueblo jedoch um Regen für ihre Ernten flehten, beschworen die Navajos ihre Götter, ihnen Kraft, Geschick, Geschmeidigkeit und Ausdauer für die Jagd und den Krieg zu verleihen. Diese Fähigkeiten waren ihnen auch dann noch wichtiger als Regen und Fruchtbarkeit für die Felder, als sie bereits Viehzüchter und Ackerbauern waren.

Bei den Hopi sind die Zwillinge des Sonnengottes Wundertäter, die unter anderem auch allerhand Unsinn anstellen und dafür vom Häuptling bestraft werden. Bei den Navajos werden aus ihnen furchtbare Kriegsgötter, die auf einem Regenbogen reiten und mit blendenden Blitzen als Waffen ausgestattet sind.

Wie die Perle sich um einen winzigen Fremdkörper im Fleisch der Muschel bildet, so enthält auch jede Mythologie ein Körnchen Wahrheit. Aber es ist sehr schwer, diese Wahrheit zu analysieren und zu identifizieren. Jeder der alten Schamanen und Geschichtenerzähler hat etwas hinzugefügt und etwas weggelassen, hat seine eigenen Gedanken und Interpretationen mit einfließen lassen. Doch auch die wundersamsten Geschichten haben sich an irgendeinem Ort, in einem Canyon oder auf einer Mesa vollzogen, die jeder Navajo kennt, die er identifizieren kann.

Vielleicht wollten sie ihre ärmliche Herkunft und die mittellose Verwandtschaft im Norden verschweigen. Die Navajos verbreiteten und glaubten schließlich selbst, ihre Vorfahren seien direkt aus den einzelnen Unterwelten von Göttern im Navajo-Land an die Erdoberfläche geschickt worden. Sie kamen dort an zusammen mit den Tieren, die von manchen die älteren und weiseren Brüder der Menschen genannt werden.

Die erste Welt

Die Schöpfungsgeschichte der Navajos handelt von den vier sonnen- und lichtlosen Urwelten und der fünften – der Welt, in der wir alle leben.

Die erste Welt war so dunkel wie schwarze Wolle. Diese Welt hatte vier Ecken, und über diesen Ecken erschienen vier Wolken. In diesen Wolken verbargen sich die wesentlichen Elemente der ersten Welt. Sie waren weiß, schwarz, blau und gelb.

Die schwarze Wolke war das Symbol für das weibliche Wesen oder die Grundsubstanz. Das Leben schlief noch in dieser Wolke wie das Kind im Mutterschoß. Diese weiße Wolke stand als Symbol für das männliche Wesen. In ihr schlief das Morgengrauen, das Licht vor der Erweckung der ersten Welt.

Im Osten, wo sich die schwarze Wolke aufhielt und von der weißen Wolke begattet wurde, wurde das erste Wesen geboren. Es hieß *Atze'Hastquin,* und mit ihm erschien auch der weiße Maiskolben auf der Bildfläche. Der Kolben – er hieß *Dohonot i'ni* – war perfekt in seiner Form, mit Körnern ausgestattet, die ihn vollkommen bedeckten. *Dohonot i'ni* ist auch der Name für den Ort, an dem sich die schwarze und die weiße Wolke fanden.

Die erste Welt war klein, eine schwimmende Insel in einem unendlich großen Gewässer. Auf dieser Insel wuchs ein einziger Baum. Es war eine Kiefer. Sie wurde der heutigen Welt geschenkt, um den Menschen als Quelle von Licht und Wärme zu dienen.

Der erste Mensch, *First Man,* besaß noch nicht die heutige Form, sondern war Mann und Frau in einer Person. Er sollte erst später zu einem Mann werden. Die übrigen Kreaturen der ersten Welt waren die Nebelleute. Sie besaßen ebenfalls noch keine endgültige Form, doch sie waren dazu ausersehen, einmal zu Vögeln, Säugetieren und Reptilien dieser Welt zu werden.

Am westlichen Ende der ersten Welt, die später einmal das Land des Sonnenuntergangs sein sollte, erschien die blaue Wolke, und ihr gegenüber im Land des Sonnenaufgangs erschien die gelbe Wolke. Aus ihrem gemeinsamen Schoß formte sich die *First Woman* – die erste Frau und mit ihr der erste gelbe Mais. Er war ebenso perfekt wie der weiße. Mit der ersten Frau wurden auch die weiße

Muschel, der blaugrüne Türkis und die blassgrüne Yuccapflanze geboren.

First Man lebte auf der östlichen Seite der ersten Welt. Er versinnbildlichte die Morgenröte und war der Lebensspender aller Dinge. First Woman stand ihm gegenüber im Westen. Sie war das Symbol für die Dunkelheit und den Tod.

First Man schlug Feuer aus einem Kristall. Dieses Kristall war das Symbol für einen scharfen Verstand und ein klares Gesicht. Nachdem First Man das Feuer entfacht hatte, erweckte es seinen Verstand. Auch First Woman schlug Feuer, aber aus einem Türkis. First Man und First Woman sahen die Feuer in der Ferne. Als sich die schwarze Wolke und die weiße Wolke in die Lüfte erhoben, ging First Man dem Feuer im Westen entgegen. Er suchte zweimal ohne Erfolg danach. Beim dritten Mal brach er eine Astgabel von der Kiefer. Er spähte durch die Gabel und markierte die Stelle, wo er das Feuer gesehen hatte. Beim vierten Mal erblickte er den Rauch, der aus einem Haus aufstieg.

»Hier ist das Haus, das ich so lange gesucht habe«, sagte First Man.

»Oh, du bist es«, antwortete First Woman. »Ich sah dich umherwandern, und ich habe mich gewundert, warum du nicht hereingekommen bist.«

Danach verließ First Man First Woman.

Als sich die blaue und die gelbe Wolke in den Himmel erhoben, sah First Woman ein Licht in der Ferne. Sie brach auf, um das Licht zu finden. Auch sie suchte dreimal vergeblich. Erst beim vierten Mal sah auch sie den Rauch aus einem Haus aufsteigen und fand First Man.

»Ich habe mich gefragt, was das für ein Licht sein könnte«, sagte First Woman.

»Ich sah dich umherwandern und fragte mich, warum du nicht zu mir kommst«, sagte First Man.

First Woman erkannte, dass First Man aus einem Kristall Feuer geschlagen hatte und dass dieses Feuer heller brannte als ihr eigenes Türkisfeuer. Sie dachte nach und fand keine Antwort.

Da sagte First Man: »Warum bringst du nicht dein Feuer her zu mir und wir leben zusammen?«

Die Frau war damit einverstanden. Statt der Mann zur Frau, wie es heute üblich ist, ging die Frau zum Mann.

Zu jener Zeit erschien ein anderes Wesen, *Great Coyote Who Was Formed In The Water,* der Große Gute Coyote, der im Wasser entstand. Great Coyote hatte die Form eines männlichen Wesens. Er berichtete First Man und First Woman, dass er in einem Ei ausgebrütet worden sei. Er kannte alle Wesen, die sich unter Wasser, und alle Wesen, die sich in den Lüften aufhielten. First Man beschloss, Great Coyote hinzuzuziehen, und alle drei begannen zu beratschlagen, was sie unternehmen sollten. Während sie mit diesen Überlegungen beschäftigt waren, kam ein anderes Wesen zu ihnen. Es hatte die Form eines Menschen, doch es trug einen haarigen Umhang, der mit weißem Fell besetzt war. Er reichte ihm bis zum Knie. Um seine Hüften war ein Gürtel geschlungen.

Der Name des Wesens war *Atse'hashke,* First Angry Coyote, der erste streitbringende oder böse Coyote. Er sagte zu den Dreien: »Ihr glaubt, dass ihr die ersten Wesen seid. Ihr irrt euch. Ich lebte schon, bevor ihr entstanden seid.«

Danach erschienen vier Wesen zusammen. Sie waren gelb und nannten sich *Tsts'na* – die Wespenleute. Sie kannten das Geheimnis, das Übel zu verbreiten und andere Wesen zu schädigen. Sie waren ungemein mächtig.

Jetzt waren acht Wesen zusammen. Aber es kamen noch vier weitere. Sie waren klein, trugen rote Hemden und hatten schmale, schwarze Augen. Es waren die *Naazo'zi* oder Spinnen-Ameisen. Sie hatten scharfe Stacheln, waren aber gute, bewundernswerte Wesen.

Nach ihnen erschien eine große Gruppe von Wesen. Sie waren dunkel gefärbt und hatten dicke Lippen und schwarze, vorstehende Augen. Es waren die *Wolazhi'ni,* die schwarzen Ameisen. Sie waren ebenfalls imstande, Übel zu verbreiten. Auch sie waren sehr mächtig. Aber sie stritten untereinander und brachten sich gegenseitig um.

Es waren jetzt viele Wesen zusammengekommen. Hinzu kam eine Masse von kleinen Kreaturen. Sie waren friedfertig und harmlos, doch sie gaben einen üblen Geruch von sich. Sie wurden demnach *Wolazhi'ni nichu nigi* genannt, das bedeutet »Die Stinker«.

Nach den Wespen, den verschiedenen Ameisen, den Stinkern kamen auch die Käfer, die Libellen, die Fledermäuse. Es kamen *Spider Man* und *Spider Woman* sowie *Salt Man* und *Salt Woman.* Es kamen noch andere, die noch keine richtige Form besaßen. Doch sie bevölkerten mit den Übrigen die erste Welt.

Die erste Welt, die ziemlich klein war, wurde zu eng für alle. Die Wesen stritten sich und bekämpften sich untereinander. Es war ein sehr unglückliches Dasein.

Die zweite Welt

Da es in der ersten Welt so viel Streit gab, verließen First Man, First Woman, Great Coyote, der Coyote First

Angry, der Bösartige, die Welt der Dunkelheit und der Feuchtigkeit. Sie stiegen hinauf in die weite oder die blaue Welt. Alle anderen folgten ihnen.

Sie fanden eine ganze Anzahl von Wesen vor, die bereits hier lebten: Blaufalken, Blauhäher, Blaureiher und viele andere blau gefiederte Tiere. Das mächtige Schwalbenvolk lebte ebenfalls bereits hier. Dieses Volk machte den Neuankömmlingen aus der ersten Welt das Leben sehr schwer. Es gab viel Streit, und viele wurden getötet.

Die ersten vier Lebewesen aber fanden eine Öffnung, durch die sie aus der Welt des blauen Nebels herauskrochen und hineinstiegen in die dritte oder die gelbe Welt.

Die dritte Welt

Der blaue Häher war der Erste, der in der dritten oder gelben Welt auftauchte. Nach ihm kamen die ersten vier Lebewesen, und diesen folgten alle anderen.

Ein großer Fluss durchquerte die dritte Welt von Nord nach Süd. Dies war der weibliche Fluss. Ein anderer Strom floss von Ost nach West – der männliche Fluss. Dieser strömte durch den weiblichen Fluss. Der Name dieses Ortes war *Tqo alna'osdli* – die Begegnung der Gewässer.

In der dritten Welt erhoben sich sechs Berge. Im Osten war es *Sis na'jin,* die aufrecht stehende Schärpe. Der zeremonielle Name war *Yol gai'dzil,* der Berg der Morgenröte oder der Berg der Weißen Muschel. Im Süden stand *Tso'dzil,* der Große Berg, auch die Bergzunge genannt. Sein zeremonieller Name ist *Yodolt i'zhi dzil,* der Blaue Edelstein- oder Türkis-Berg. Im Westen stand *Dook'oslid.* Die Bedeutung dieses Namens ist in Vergessenheit geraten.

Der zeremonielle Name aber ist *Dichi'li dzil,* Abalone-Muschel-Berg. Im Norden stand *Debe'ntsa* – der Berg der vielen Schafe. Sein zeremonieller Name ist *Bash'zhini dzil* – Obsidian-Berg. Dann gab es noch den *Dzil na'odili,* den Oberen Berg. Er war sehr heilig und stand im Mittelpunkt der dritten Welt, und alle Wesen umkreisten ihn. Sein zeremonieller Name ist *Ntl'is dzil,* der Edelstein-Berg, auch der gebänderte Felsenberg. Dann gab es noch einen weiteren Berg. Er wurde *Chol'i'i* oder *Dzil na'odlili choli* genannt und war ebenfalls ein heiliger Berg.

Auch in der dritten Welt gab es noch keine Sonne, sondern nur die beiden Flüsse und die sechs Berge. Doch die Flüsse und Berge hatten eine ganz andere Form als heutzutage. Sie bestanden nur aus der Ursubstanz der Flüsse und Berge, ebenso wie First Man, First Woman und die anderen nur die Substanz der heutigen Wesen besaßen.

Im Osten, hinter *Sis na'jin,* lebte der Türkis-Zwitter *Ashton nutli.* Er war auch unter dem Namen Türkis-Junge bekannt. Gleich neben ihm wuchs das männliche Schilf. Hinter diesem, noch weiter im Osten, lebten *Hadahuney-a'nigi,* das Mirage- oder Achat-Volk. Noch weiter im Osten war die Heimat von zwölf Wesen mit dem Namen *Naaskiddi.* Hinter dem Haus der zwölf lebten noch einmal vier andere: Der Heilige Mann, die Heilige Frau, der Heilige Junge und das Heilige Mädchen.

Im Westen lebte der Weiße-Muschel-Zwitter oder das Mädchen, und bei ihr wuchs das große, quastenlose weibliche Schilf am Rand des Wassers. Weiter hinter im Westen lebten die Stein-Leute, genannt *Hadahunes'tquin,* und die Erdwärme-Wesen. Noch mal dahinter lebten zwölf weibliche Wesen und wiederum dahinter die Heiligen.

In diesem Land hausten die *Kisa'ni,* die Vorfahren der Pueblo-Indianer. Auf den sechs Bergen saßen die Höhlenbewohner, auch die Großen-Schwalben-Leute genannt. Unter ihnen wohnten die hellen und die dunklen Eichhörnchen, die Chipmunks, Mäuse, Ratten, Truthähne, Hirsche, Pumas, Spinnen, Eidechsen und Schlangen. An den Flüssen lebten die Biber, Frösche, Salamander, Schildkröten und alle Unterwasserwesen.

All die aufgezählten Wesen sahen sich ähnlich. Sie hatten noch keine endgültige Form, doch sie trugen schon verschiedene Namen, weil sie verschiedene Charaktere besaßen.

Endlich wollten sie damit beginnen, etwas anzupflanzen.

First Man rief alle Wesen zusammen. Er zeigte ihnen den weißen Mais, der zusammen mit ihm erschaffen worden war. First Woman zeigte ihnen den gelben Mais. Sie legten darauf die Kolben Seite an Seite, und dann baten die vielen, die gekommen waren, um Hilfe. Der Truthahn kam als Erster. First Man fragte ihn, woher er gekommen sei, und er antwortete, er komme vom Gray Mountain. Der Truthahn tanzte viermal vorwärts und zurück, dann schüttelte er seinen Federmantel. Heraus fielen vier Maiskörner. Eins war grau, eins blau, eins schwarz und eins rot.

Ein weiteres Wesen bot seine Hilfe an: Es war die Große Schlange. Auch sie brachte vier Saaten mit – den Kürbis, die Wassermelone, die Kantalupe und die Warzenmelone. All diese Pflanzen kriechen über den Boden.

Die Wesen steckten die Saaten in die Erde, alles gedieh und die Ernte wurde vortrefflich.

Als die Ernte eingebracht war, erschien der Türkis-Junge aus dem Osten und besuchte First Woman. Als

First Man zurückkehrte, fand er First Woman in den Armen des Jungen. First Woman aber erklärte ihrem Mann, der Junge *Ashon nutli* sei von ihrem Fleisch gezeugt und nicht von seinem. Sie sagte, sie habe ihr eigenes Feuer benutzt, ihren eigenen Türkis und hätte ihren eigenen gelben Mais zu Mehl gemahlen. Sie habe den Mais für sich selbst gesät und bestellt.

Zu dieser Zeit gab es vier Häuptlinge: Big Snake, Mountain Lion, Otter und Bear. Es war zum Brauch geworden, wenn sich die schwarze Wolke am Morgen erhob, dass First Man aus seinem Haus trat und zu den vier Häuptlingen sprach. Nachdem First Man gesprochen hatte, sagten die vier Häuptlinge dem Volk, was es an diesem Tag zu tun hatte. Sie sprachen aber auch von der Vergangenheit und von der Zukunft.

Nachdem First Man gesehen hatte, wie seine Frau in den Armen des Türkisjungen lag, war er traurig und wollte nicht mehr zu den Häuptlingen sprechen. Die schwarze Wolke hob sich höher und höher, doch First Man kam nicht aus seinem Haus hervor. Er lehnte Speise und Trank ab. Vier Tage lang sprach er nicht zu den Häuptlingen, und die Häuptlinge sprachen nicht zu dem Volk. First Man blieb stumm. Viermal erhob sich auch die weiße Wolke. Danach fanden sich die vier Häuptlinge bei First Man ein und fragten ihn, warum er stumm bliebe. Die Häuptlinge fragten viermal, bevor First Man antwortete.

Er sagte, sie sollten ihm ein Brechmittel bringen. Er trank es, er erbrach sich, und es reinigte ihn. Dann befahl er, den Zwitter zu ihm zu bringen. Als dieser kam, fragte First Man, ob Bürste und Kamm ihm gehörten. Der Zwitter bejahte. First Man fragte weiter, ob er kochen und wie eine Frau das Essen zubereiten vermöge. Der Zwitter bejahte wieder. Er könne jede Form von Frauenarbeit verrichten. Dann sagte First Man: »Geh hin und bereite mir mein Essen zu und bring es mir.« Nachdem er gegessen hatte, berichtete First Man, was er gesehen hatte und was seine Frau ihm als Erklärung mitgeteilt hatte.

Zu dieser Zeit kam Great Coyote Who Was Formed In The Water zu First Man und sagte ihm, er solle den Fluss überqueren. Sie bauten ein großes Floß und querten den Fluss an der Stelle, wo der männliche Strom den weiblichen kreuzte. Die männlichen Wesen ließen die weiblichen Wesen am Ufer zurück. Doch während sie ruderten und sich umdrehten und zurückblickten, sahen sie, wie First Woman und die anderen weiblichen Wesen sich vor Lachen krümmten. Sie benahmen sich sehr aufsässig.

Anfänglich machte es den Frauen nichts aus, allein zu sein. Sie machten den Boden urbar und bepflanzten ein kleines Feld. Auf der anderen Seite des Flusses jagten First Man und seine Kameraden. Sie pflanzten ebenfalls ihre Saaten. Die Ernte war gut. Sie stampften den Mais und kochten ihr Essen.

Vier Jahre vergingen. Die Männer hatten genug zu essen und waren glücklich, doch die Frauen wurden faul, und auf ihrem Land machte sich das Unkraut breit. Die Frauen gierten nach frischem Fleisch. Einige von ihnen versuchten, zu den Männern hinüberzuschwimmen, doch sie ertranken.

Da die Frauen keine Möglichkeit hatten, ihre Lust zu befriedigen, suchten sich einige längliche, glatte Steine; andere benutzten Truthahnfedern, wieder andere bedienten sich der stachellosen Kakteen. Da machte First Woman einen Plan und sagte ihnen, wie sie diese Dinge benutzen sollten. Eine der Frauen gebar ein steinernes Kind. Aus ihm entstand das *Great Stone Monster,* das über die Erde hinwegrollte und die Menschen tötete. Eine andere brachte die *Großen Vögel von Tsa bida'hi* zur Welt; wieder andere kreißten, und hervor kamen Riesen und Monster, die später ebenfalls viele Menschen töteten.

Auf der anderen Seite des Flusses kam es zu ähnlichen Vorfällen. Die Männer töteten die Weibchen der Bergschafe, der Pumas und der Antilopen und befriedigten sich an ihnen. Doch diese Männer wurden vom Blitz erschlagen. Als First Man davon erfuhr, warnte er die anderen und sagte ihnen, dass sie alle getötet werden könnten. Er sagte ihnen, dass sie mit solch gefährlichen Praktiken aufhören müssten. Dann sprach der zweite Häuptling: Das Leben sei nicht einfach und es sei ein Jammer, mit ansehen zu müssen, wie die Frauen ertranken. Er schlug vor, die Frauen ebenfalls über den Fluss zu bringen, damit sie wie zuvor zusammen leben könnten. Er sagte: »Wir haben jetzt gesehen, welche Folgen unsere Untaten haben. Wir wissen jetzt, wie wir uns in Zukunft verhalten müssen.« Die drei anderen Häuptlinge stimmten ihm zu, und First Man sagte, sie sollten die Frauen über den Fluss bringen.

Nachdem die Frauen herübergebracht worden waren, sagte First Man: »Wir müssen uns alle spirituell reinigen. Ein jeder muss baden. Die Männer müssen sich danach mit weißem Maismehl bestäuben und die Frauen mit gelbem Maismehl.«

Sie blieben noch vier Tage lang getrennt. Dann kam First Woman und legte ihren Arm um First Man. Sie sagte zu den anderen, dass sie ihre Fehler bereute, doch mit der Hilfe ihres Mannes würde sie künftighin ein ordentliches Leben führen. Danach lebten die Frauen und Männer aller Wesen wieder zusammen wie zuvor.

Die Wesen verteilten sich über verschiedene Teile des Landes. Es verging einige Zeit, und First Woman langweilte sich angesichts der Monotonie des Daseins. Sie ging zu *Atse'hashke,* dem Coyote First Angry. Sie gab ihm einen Regenbogen und sagte: »Ich habe in der Vergangenheit sehr gelitten. Ich habe nicht genug Fleisch und auch zu wenig Mais und Kleidung gehabt. Viele meiner Dienerinnen sind gestorben. Nimm den Regenbogen und überquere den Fluss. Bring mir zwei hübsche Kinder von *Tqo holt sodi,* dem Wasserbüffel. Bring mir einen Jungen und ein Mädchen.«

Der Coyote erklärte sich bereit, ihr zu helfen. Er ging über den Regenbogen und querte den Fluss. Er schlich sich in das Haus des Wasserbüffels und stahl die beiden Kinder. Er versteckte sie in seinem dicken Fellmantel mit dem weißen Besatz. Als man ihm sagte, er solle seinen Mantel ablegen, zog er diesen nur um so fester um seinen Leib und machte ein schlaues Gesicht, weil er alle hinters Licht geführt hatte.

Seit dieser Begebenheit galt der Coyote auch bei den Navajos als der große »Trickster«, der er schon lange zuvor bei den Azteken gewesen war, die ihm auch seinen Namen *Coyotl* oder *Coyotlinauatl* gegeben hatten - ein schillerndes Wesen mit Charakterzügen, die gleichzeitig auf einen weisen Gott, ein listiges Tier und einen geschickten Menschen hinwiesen.

In der Navajo-Mythologie erschien darauf im Süden, Osten, Westen und Norden jeweils ein weißes Licht. Einer von den Hirsch-Leuten lief nach Osten und erzählte bei seiner Rückkehr, das Licht sei in Wirklichkeit eine riesengroße Wasserfläche. Der Falke flog nach Süden, der Adler nach Westen und der Eisvogel nach Norden. Als sie zurückkehrten, verkündeten sie alle übereinstimmend, dass eine große Flut über sie hereinbrechen würde. Der Eisvogel sagte, das Wasser im Norden sei noch größer und es sei noch näher.

Es kam eine große Flut, und die Erde versank im Wasser. Es war die Strafe dafür, dass der Coyote die beiden Kinder des Wasserbüffels gestohlen hatte. Nur First Woman und Coyote selbst kannten die Wahrheit.

Als First Man vom Herannahen der Flut hörte, schickte er Boten zu allen Wesen und wies sie an, sich auf dem Berg *Sis na'jin* zu versammeln. Er sagte ihnen, sie sollten alle Saaten und Pflanzen mitbringen, die zur Ernährung wichtig sind. First Man bestieg aber auch die übrigen heiligen Berge, hob Erde aus und sammelte sie in seinem Medizinbündel.

Das Wasser aber stieg weiter.

Nachdem alle Wesen den *Sis na'jin* halbwegs bestiegen hatten, stellte First Man fest, dass er sein Medizinbündel zurückgelassen hatte. In dem Medizinbündel aber befand sich nicht nur die Erde von den heiligen Bergen, sondern auch die magische Formel, mit der er den Regen herabrufen und die Pflanzen wachsen lassen konnte. First Man und die Wesen konnten ohne das Medizinbündel nicht existieren.

First Man wollte in das steigende Wasser springen, doch die anderen hielten ihn zurück. Sie gingen zum Eisvogel und baten ihn, zu tauchen und das Bündel zu holen. Der Vogel erfüllte diese Aufgabe, und First Man erhielt sein Medizinbündel zurück. Er blies seinen Atem viermal darüber und dankte allen.

Als sie sich alle auf der Bergspitze versammelt hatten, stellten sie fest, dass der Türkis-Junge ein männliches Schilfrohr mitgebracht hatte. Das Weiße-Muschel-Mädchen hatte ihr weibliches Schilf mitgebracht. Ein anderes

Wesen hatte das Giftige Efeu dabei, ein anderes - die Spinne - brachte die Baumwollpflanze.

First Man hatte eine Fichte mitgebracht, die er auf der Spitze des *Sis na'jin* pflanzte. Er nutzte seine Medizin für ihr Wachstum. Die Fichte wuchs mit ihren unteren Ästen in die Breite, während sie nach oben immer schlanker wurde. Danach pflanzte First Man das männliche Schilfrohr. Alle Wesen bliesen darauf, und es wuchs und wuchs, bis es das Himmelsgewölbe über der dritten Welt erreichte. Danach versuchten sie, auch in das Innere des Rohrs zu blasen, doch die Rinde war zu hart. Sie beauftragten den Specht, mit seinem Schnabel ein Loch in die Rinde zu hacken. Bald konnten sie in die Öffnung hineinblicken, dann bliesen sie weiter, und sie bliesen so lange, bis die Öffnung groß genug war, dass sie hindurchkriechen konnten. Sie stiegen durch das Schilfrohr nach oben, bis sie die vierte Welt erreichten.

Die vierte Welt

Als die Wesen die vierte Welt erreichten, erkannten sie, dass sie nicht sehr groß war. Manche sagen, sie sei die Weiße Welt genannt worden, doch nicht alle Sänger und Medizinmänner sind sich in dieser Hinsicht einig.

Das vorletzte Wesen, das durch das Schilfrohr gekrochen kam, war der Truthahn vom Gray Mountain. Sein Federkleid war durchnässt, denn direkt hinter ihm stieg das Wasser herauf. Danach kam der weibliche Wasserbüffel und streckte seinen Kopf durch die Öffnung. Eine Menge gekräuseltes Haar schwamm auf der Wasseroberfläche, und von den beiden Hörnern, schwarz und gelb gefärbt, sprangen zornige Blitze.

First Man fragte den Wasserbüffel, warum er gekommen sei und warum er die große Flut geschickt hätte. Der

Büffel sagte nichts. Da zog der Coyote die beiden Kinder unter seinem Mantel hervor und erklärte, vielleicht habe der Büffel deshalb die Flut geschickt.

Der Türkis-Junge nahm darauf einen Korb und füllte ihn mit Edelsteinen. Obenauf streute er Pollen, *Tha'di'-the do tlij* von den blauen Blumen und gelbe Pollen von dem Mais, und darauf wieder streute er Pollen von der Wasserpflanze *Tquel aqa'di din,* und schließlich legte er ein Kristall darauf.

Der Türkis-Junge gab den Korb an den Coyoten weiter, und dieser stellte ihn zwischen die Hörner des Wasserbüffels. Der Coyote sagte, mit dieser heiligen Opfergabe würde er das männliche Kind zurückgeben. Er sagte, das männliche Kind würde einmal unter dem Namen *Schwarze Wolke* oder *Männlicher Regenbringer* bekannt werden, aber er würde auch Gewalt über Unwetter, Blitz und Donner haben.

Das weibliche Kind wollte der Coyote behalten. Sie würde bekannt werden als *Blaue, Gelbe* und *Weiße Wolke* oder *Der Weibliche Regen.* Es sei der freundliche, sanfte Regen, der die Erde befeuchten und Segen für alle Lebewesen bringen würde. Also behielt Coyote das weibliche Kind, und das männliche saß bereits in dem heiligen Korb zwischen den Hörnern des Wasserbüffels. Darauf zog sich der Wasserbüffel zurück, und mit ihm verschwand auch das Wasser.

Nachdem das Wasser abgeflossen war, erschien ein anderes Wesen, das niemand kannte. Es wurde gefragt, woher es käme, und es antwortete, es sei der Dachs *Nahashch'id.* Es sei erschaffen worden, als die gelbe Wolke die Erde berührte. Danach hätte sich die gelbe Wolke in einen Sonnenstrahl verwandelt.

Aber First Man war mit der vierten Welt nicht zufrieden. Es war ein kleines, leeres Land, und die Flut hatte den Boden unfruchtbar gemacht, und es konnte keine Saat ausgebracht werden. Er pflanzte das weibliche Schilf, und es wuchs bis hinauf zum Himmelsgewölbe über der vierten Welt. First Man schickte den Dachs durch das Schilfrohr in die Welt darüber. Doch von oben tropfte Wasser in das Rohr, und der Dachs kehrte zurück und sagte, er fürchte sich.

In diesem Augenblick erschien ein weiteres fremdes Wesen. First Man fragte es, wo es erschaffen worden sei. Das Wesen erwiderte ihm, es käme aus der Erde. Es war die Heuschrecke. First Man sagte der Heuschrecke, sie müsse als Spätankömmling etwas für die anderen tun.

Die Heuschrecke zog sich ein Stirnband über aus einem schmalen Stück Schilf; auf ihrer Stirn befestigte sie zwei gekreuzte Pfeile mit zwei gelben Federn am Ende. Mit diesem heiligen Kopfschmuck und mit der Hilfe aller heiligen Wesen stieg sie empor in die fünfte Welt.

Die fünfte Welt

Die Heuschrecke arbeitete sich durch das Schilfrohr hinauf, dann durch den Schlamm, bis sie ans Wasser kam. Als sie aus dem Wasser auftauchte, sah sie eine schwarze Tauchente auf sich zuschwimmen. Die Tauchente trug ebenfalls gekreuzte Pfeile auf dem Hinterkopf. Auch sie hatte große Augen.

Die Ente sagte: »Was machst du hier? Hier hast du nichts zu suchen!« Nur wenn die Heuschrecke ein größeres Wunder bewirken könne als sie selbst, dürfe sie in der fünften Welt bleiben.

Die Ente nahm darauf einen ihrer Pfeile von ihrem Rücken, steckte ihn in ihren Schnabel, verschluckte ihn und zog ihn darauf aus ihrem After wieder heraus. Dann nahm sie einen anderen Pfeil, steckte ihn in ihren After und zog ihn wieder aus dem Schnabel.

»Das ist gar nichts«, sagte die Heuschrecke, nahm zwei Pfeile und steckte sie quer durch ihren Körper zwischen der äußeren Haut und dem Herzen in beiden Richtungen. Darauf erkannte die Ente, dass die Heuschrecke große magische Kräfte besaß. Sie schwamm nach Osten – und das Wasser floss ihr nach.

Danach kam der blaue Wasservogel aus dem Süden, der gelbe Wasservogel vom Westen, der weiße Wasservogel vom Norden, und die Heuschrecke führte noch mal ihren Pfeilzauber vor. Nachdem der letzte Wasservogel weggeflogen war, fand sich die Heuschrecke auf dem trockenen Land wieder.

Die Heuschrecke kehrte in die vierte Welt zurück und erklärte, dass die Wesen der fünften Welt große Zauberkräfte besäßen und dass sie sich alle Mühe geben musste, um sie noch zu übertreffen. Jetzt erhoben sich zwei dunkle und zwei weiße Wolken, und dies war das Zeichen, dass zwei Tage und zwei Nächte vergangen waren. Aber die Sonne war noch nicht zu sehen. First Man schickte wieder den Dachs in die fünfte, in die obere Welt. Aber der Dachs kehrte schlammbedeckt wieder zurück. Darauf raffte First Man eine Hand voll Türkise zusammen und bot sie den Häuptlingen der fünf Winde an, die ebenfalls in der oberen, in der fünften Welt lebten. Die Häuptlinge freuten sich über das Geschenk, und sie schickten ihre warmen Winde, die den Schlamm der Fünften Welt im Nu austrockneten.

Darauf sahen First Man und die übrigen Wesen vier weiße und vier schwarze Wolken vorübergleiten, und sie schickten den Dachs zum dritten Mal das Schilfrohr hinauf. Als der Dachs zurückkehrte, sagte er, diesmal sei er auf der festen Erde angekommen. Danach führten First Man und First Woman das Volk in die fünfte Welt, die von manchen die vielfarbige und von anderen die veränderliche Erde genannt wird. Sie kamen vom Grund eines Sees herauf, der von vier Bergen umgeben war. Aus dem Wasser in diesem See steigen auch heute noch Blasen auf, wenn sich ihm jemand nähert.

Nachdem alle Wesen aus der Unterwelt an die Oberfläche gekommen waren, schmückten First Man und First Woman den Berglöwen mit einem gelben, schwarzen, weißen und grauen Maiskolben und wiesen ihm an ihrer Seite einen Platz an. Dann schmückten sie den Wolf mit weißen Federn und wiesen ihm einen Platz auf der anderen Seite an. Anschließend teilten sie ihr Volk in zwei Gruppen. Die erste Gruppe sollte einen Häuptling nach ihrem Willen bestimmen. Sie stimmten ab. Obwohl sie glaubten, sie hätten den Berglöwen gewählt, merkten sie, dass sie den Wolf zu ihrem Häuptling gemacht hatten. Der Berglöwe wurde darauf der Häuptling der anderen Gruppe.

Aus der Gruppe mit dem Berglöwen als Häuptling wurden die Erdbewohner. Sie begannen, Mais zu säen und zu ernten. Aus dem Gefolge des Wolfes wurden die Säugetiere und die Vögel; aus ihnen entstanden alle Kreaturen, die laufen und kriechen, die schwimmen und fliegen.

Daraufhin erhielten alle Wesen ihre eigene Form, und sie verteilten sich über die Erde.

Damit geben sich nicht alle Sänger und Medizinmänner zufrieden. Sie erzählen, dass darüber noch zwei Welten existieren: die Welt der Geister aller Lebewesen und die Welt, in der alles in ein- und dasselbe verschmilzt.

*

Das übernatürliche, gottähnliche Wesen First Man brachte aus dem Schoß der Erde fruchtbaren Grund an die Oberfläche, denn er wollte, dass es auf der Erde so aussehe wie in der alten Heimat tief im geheimnisvollen Untergrund.

First Man ordnete die Welt und bestimmte die Grenzen von *Dinetah,* vom Navajo-Land, durch vier Pfeiler. Der nördliche Berg ist der *Debentsa,* der große Schafsberg, in der La Plata Range im heutigen Colorado; er war einmal mit einer schwarzen Feder gekrönt und mit Gagat (Jet - Pechkohle) bedeckt. Der östliche Berg - »der mit einem schwarzen horizontalen Streifen« - war gekrönt von einer »weißen Muschel«; er ist nur schwer zu lokalisieren. Er lag irgendwo zwischen dem Blanca Peak in Colorado und der Jemez Range in New Mexico. Der südliche Berg ist der Mount Tailor oder San Mateo bei Grants, New Mexico. Der westliche Pfeiler - das sind die San Francisco Peaks im westlichen Arizona.

*

Für das, was wir schlicht Natur nennen, haben die Navajos den schönen, poetischen Begriff *Everchanging Woman* geprägt. Sie trug einen prächtigen, vielfarbigen, leuchtenden Umhang aus Sonnenstrahlen. Everchanging Woman hatte Söhne, wehrhafte Kriegsgötter, die »Monster-Killer«, die die bösen Mächte, die Monster, töteten, die ebenfalls aus der Erde gekrochen waren.

Dann brachen die Götter auf und verließen die Erde.

Bis dahin sind bei allen Erzählern Gemeinsamkeiten in der Schöpfungsgeschichte der Navajos erkennbar, doch dann verzettelt sie sich. Jeder Clan hält seine eigene, meist sehr dramatische Version bereit, wie seine Vorfahren auf die Erde gekommen sind und wie sie sich dort eingerichtet haben. Insgesamt ist es eine unendliche Geschichte.

Der erste Clan - das waren die so genannten Tall-House-Leute. Ihr Heim *Kinya'a* liegt im Chaco Canyon. Die Götter hatten Bruder und Schwester auch hier aus zwei Maiskolben erschaffen. Sie fanden ihre Ehepartner und -partnerinnen unter den Göttern. Ihre Nachkommen, die angezogen waren wie Pueblo-Tänzer, wurden die ersten Ackerbauern der Navajos.

Diese Erzählung fundiert auf der Tatsache, dass sich Navajo-Männer ihre Partnerinnen unter den Pueblo-Leuten suchten beziehungsweise diese raubten. Was die Entführten nicht daran hinderte, ihre Gatten in der Kunst des Ackerbaues zu unterweisen.

Bei den Tall-House-Leuten tauchten viele Fremde auf: Die Turn-in-a-Canyon-Menschen, die Yucca-Esser und andere. Es sieht so aus, dass die Tall-House-Leute ihre Zahl freiwillig oder unfreiwillig sowohl durch gefangene Zunis - also Pueblo - wie auch durch eigene Zuwanderer aus dem Norden vermehrten.

Es ist wahrscheinlich, dass das unterschiedliche Erscheinungsbild der Navajos, dass ihre Statur - manche sind groß und schlank, andere eher gedrungen - durch eine intensive Vermischung der groß gewachsenen, schlanken Zuwanderer mit den eher kleinen, gedrungenen Alteingesessenen begründet ist.

Die Mythologie lässt ferner vermuten, dass die Navajos nicht durch den fast hindernisfreien, breiten und einladenden Korridor der Prärien, sondern über die beschwerliche, westliche Gebirgs- oder gar Küstenroute gekommen waren. Wahrscheinlich war der Weg durch die Prärien durch die damals dort ansässigen Büffeljäger blockiert.

Das glitzernde und funkelnde Heim von Everchanging Woman aus Türkis wird im Westen angesiedelt, wo es auf einer leuchtenden Wasserfläche schwamm. Damit ist der Pazifische Ozean gemeint.

Sie wollte dieses prächtige Heim niemals verlassen, obwohl ihr jüngster Sohn sie fortlockte: »Im Osten ist alles wunderschön für dich hergerichtet, Mutter... Wir reden nicht von Kleidern aus Schilf, von Nahrung aus Körnern, sondern du wirst in weißes Perlmutt gekleidet werden und dein Essen wird aus den Pollen der Blüten bestehen.«

Die Göttin willigte schließlich ein. Aber sie fühlte sich einsam. Sie löste ein wenig Haut von ihren beiden Armen, ihren Brüsten, ihrem Rücken und erschuf die vier, möglicherweise auch fünf, ersten Clans der Navajos.

Natürlich legt jeder Navajo Wert darauf, dass sein eigener Clan unter den vier Ersten vertreten ist. Deshalb ist es heutzutage nicht mehr möglich, die ursprünglichen Stämme zu identifizieren.

Einer von vielen Strängen der Schöpfungsgeschichte berichtet, wie die ersten Navajos, nachdem sie lange Zeit am Ufer des Westmeeres gelebt hatten, davon hörten, dass gegen Sonnenaufgang Menschen ihrer Art und Sprache lebten. Sie brachen auf, um diese zu besuchen. Sie durchquerten die Wüste mithilfe der ihnen von Everchanging Woman geschenkten Rohrstöcke, mit denen sie Wasser aufspürten.

Es wird in diesen erweiterten Schöpfungsgeschichten berichtet, was die ersten Ankömmlinge im Navajo-Land aßen: Beeren und den Samen des Salbei und anderer Pflanzen, Wildfrüchte und Piñon-Nüsse, das Fleisch der Hirsche und Bergschafe, Karnickel, Packratten, Insekten.

Aus diesen Mythen geht auch hervor, welche Kleidung sie trugen: die Frauen Röckchen – hinten länger als vorne – aus dem Bast der Bergzedern oder den Fasern des Yucca-Kaktus nach der Art der Wüstenbewohner. Die Männer hatten einen kurzen Lendenschurz um oder gar nichts. Vor der Kälte schützten sie sich, so gut es ging und wie bereits erwähnt, durch Antilopenfelle, die über den Rücken hingen und über der Brust mit den Vorderläufen zusammengebunden waren, oder durch zwei kleinere Felle für die Vorder- und Rückseite.

Ganz wichtig für die Archäologen ist aber folgender Umstand: Die Dene, die Vorfahren der Navajos, beschuhten ihre Füße nach der Art der nordwestlichen Indianer mit Mokassins, während die Pueblo und Anasazi traditionsgemäß mit Sandalen an den Füßen herumliefen.

Die Wanderungen der Dene durch den Südwesten sind ebenso wenig nachzuvollziehen wie ihr langer Marsch aus den subborealen Wäldern des kanadischen Nordwestens bis hinunter in die trockenen Hochebenen ihrer heutigen Heimat. Auch die Ortsangaben in den verschiedenen Schöpfungsgeschichten lassen kaum genauere Deutungen zu. Possessing Fish, Tree Stand Up, Mistletoe Hangs, Swallows Nest, Rock Spreads Out... Die Nomaden sind wahrscheinlich über jeden Flecken der steinigen Plateaus des Südwestens hinweggezogen, haben jeden Canyon, jeden Sandfleck und jede Salzpfanne durchquert, bevor sie sich endlich dauerhaft niederließen.

Überall, wo Überreste von Mokassins als archäologische Funde auftauchen, liegt der Fall klar: Hier handelt es sich nicht um Alteingesessene, sondern Neuankömmlinge.

Endlich, an den Hängen der San Francisco Peaks, erblickten die Dene große, leere Häuser. An den Wänden hingen Waffen: Pfeile und Bögen und Köcher. Die Pfeile verwandelten sich in Menschen, die ihre Besucher, die Navajos, zuerst bewirteten und dann bekämpften.

Auch dabei könnte es sich um den nicht immer friedlich ablaufenden Kontakt mit den Pueblo-Völkern gehandelt haben.

Leichter hatten es die Dene, die auf dem direkteren Weg über Colorado nach Süden kamen. Dort war die Jagd ergiebiger, und der Held dieser Geschichte wählte sorgfältig das Wild aus, bevor er es tötete. Erstaunlich, dass die Dene nicht blieben. Möglicherweise waren ihnen die Ute dicht auf den Fersen, vielleicht auch die Ahnen der Shoshonen und Comanchen, die seinerzeit ebenfalls in den Bergen hausten.

Sie waren in den Augen der Erzähler arme Menschen: Sie besaßen keine Töpfe; sie bereiteten ihre Speisen – Vögel, die sie in aus den eigenen Haaren gefertigten Schlingen gefangen hatten – in Kochgruben zu. Sie unterschieden sich von den Wüstenwanderern in ihrer Kleidung: Anders als diese trugen sie hirschlederne Hemden, Leggings und Mokassins.

Aber nicht nur große Jäger waren die Helden dieser Geschichten, es gab auch den potenten Freier *Light Can't Get To Them,* der für die beiden Hopi-Mädchen, die er als Frauen begehrte, zuerst zwölf, dann vierzehn, darauf dreißig und schließlich fünfzig Antilopen erlegte, bevor der Vater der beiden in den Handel einwilligte.

*

Jeglicher über den Kontakt mit anderen Völkern initiierte Lernprozess der Dene und späteren Navajos wurzelt nach ihrem Verständnis in einem Geschenk der Götter: Der Held, ein junger Jäger, steigt mithilfe eines magischen Götterwindes über eine Leiter in einen eisbedeckten See hinab. Dort unten, am Grunde des Gewässers, erblickt er - korrespondierend zu den vier Ecken der Navajo-Welt - je ein Maisfeld: weiße Kolben im Osten, gelbe im Westen, schwarze im Norden, blaue im Süden. Hinter den Feldern erheben sich hohe Häuser in denselben Farben. Die Bewohner haben das Aussehen von menschlichen Wesen, sind in Wirklichkeit aber Coyoten. Der Held übernachtet nacheinander in jedem der Häuser und erhält dort jeweils vier Maiskolben der entsprechenden Farbe sowie zwei wunderschöne Mädchen als Frauen. Ferner wird er in den Jagdzeremonien unterwiesen. Er erweist sich als so gelehrig und anstellig, dass er rasch auch die anderen Zeremonien erlernt und alsbald selbst in der Lage ist, als Sänger und Geschichtenerzähler aufzutreten.

Danach wird er von den Coyoten-Menschen entlassen, und er sucht wieder sein Volk auf. Er übergibt ihm die verschiedenen Maiskolben, lehrt sie das Anpflanzen der Frucht, unterweist sie in den Zeremonien, die den Mais wachsen und reifen lassen, lehrt sie auch viele andere Rituale und erzählt den Menschen viele Geschichten. Er will aber nicht bleiben, sondern - Mission erfüllt - kehrt zu seinen schönen Coyoten-Frauen am Grunde des vereisten Sees zurück.

In keiner dieser mythologischen Erzählungen werden die Pueblo oder Anasazi als Lehrmeister genannt, sondern angeblich waren es Helden und Götter, die den Dene zu ihrem heutigen Status verhalfen.

Die Dene mussten offen sein für Bluteinmischungen, fremde Kulturen, neue Techniken. Sonst hätten sie nicht die geringste Chance gehabt, in dem optisch zwar großartigen, doch so harschen, wasserarmen Südwesten nicht nur zu überleben, sondern sich weiter zu entwickeln und zum bedeutendsten aller indianischen Völker Nordamerikas heranzureifen. Aber zugeben, von anderen Menschen Nützliches gelernt zu haben - nein, das wollten und durften sie nicht.

All diese mystischen Geschichten beinhalten im tief vergrabenen Kern Ängste und Hoffnungen und ein Fünkchen Wahrheit: Die Navajos sind letztendlich ein Mischvolk aus Einwanderern aus dem Norden, aus den seit Urzeiten im Südwesten ansässigen, vergleichsweise hoch zivilisierten Pueblo und Anasazi, aus hart gesottenen und anspruchslosen Wüstenbewohnern, aus wilden, kriegerischen Jägern und Sammlern wie die Ute.

Es gibt natürlich wie in der Sagenwelt eines jeden Volkes auch Erzählungen, deren realer Kern vollkommen verschüttet und überhaupt nicht mehr erkennbar ist. Dazu gehören die Geschichten von den *Chindy* oder Totengeistern, die in der Mythologie der Navajos einen besonders schlechten Ruf hatten und bis heute haben. Es handelt sich um Seelen der Menschen, die vorzeitig durch Krankheit, Krieg, Mord oder Totschlag gestorben sind. Sie halten sich eine Zeit in der Nähe des Toten, dann im Hogan oder Haus, in dem er verschied, noch später vorzugsweise in den höllentiefen Canyons, in Höhlen und abgründigen Klüften auf - und wehe dem Menschen, der ihnen zu nahe kommt.

In diesen tiefen Schründen haust auch *Tsedo Nahunti,* ein besonders schlimmes Monster. Sollte sich ein Mensch in sein unterirdisches Reich hinunterwagen, dann lässt es den Canyon unmerklich immer enger und enger werden ... so lange, bis sein Opfer hilflos zwischen den beiden Wänden eingeklemmt ist und sich weder vorwärts noch rückwärts, geschweige denn nach oben an die rettende Erdoberfläche bewegen kann, und bis es endlich langsam und erbarmungslos wie eine Küchenschabe unter der Schuhsohle zerquetscht wird.

Wer sowohl den Chindies wie auch Tsedo Nahunti entkommt, muss sich immer noch vor *Tseaheenidit* in Acht nehmen. Tseaheenidit ist ein Riese, der zwischen seinen mächtigen Kiefern Steinbrocken wie Maiskörner zermalmt. Den kiesigen Schutt spuckt er dann auf das arme Menschlein hinunter, das sich in seinen Bereich der Unterwelt hineingewagt hat, bis es unter der Schuttlawine erstickt ist.

Selbst die mythologischen Helden der Navajos, die Zwillingssöhne von Everchanging Woman und Father Sun, kamen nur mit knapper Not davon: Sie waren in die Unterwelt eingedrungen, nachdem sie *Yeitso,* den menschenfressenden Riesen, zur Strecke gebracht hatten. Jetzt wollten die Kriegsgötter auch die in den tiefen Canyons hausenden, gefährlichen Monster zur Strecke bringen und die Navajos vor ihren heimtückischen Übergriffen schützen.

Aber auch die beiden göttlichen Krieger, die jedem Sterblichen an Kraft und Geschick weit überlegen waren, gerieten in arge Bedrängnis. Als die Canyon-Wände in der schwarzen Tiefe immer enger wurden, stemmten sie sich mit ihren gewaltigen Kräften dagegen, um sie wieder auseinander zu drücken. Es half nichts, es drohte ihnen, wie ein armes Menschlein zerquetscht zu werden. Daraufhin sprachen sie geheime Formeln, die ihnen ihre Mutter Everchanging Woman vor der Machtprobe mit Tsedo Nahunti vorgesagt hatte. Doch dieses unterweltliche Wesen ist nicht nur stark, sondern es ist auch so mancher Gegenzauber mächtig. Gegenzauber, die jene Geheimformeln nutzlos machten. Das Schicksal der beiden Zwillinge schien besiegelt.

Im allerletzten Augenblick erinnerte sich einer der beiden Helden an jene Zauberfeder, die ihnen Spider Woman auf ihrem Weg in die Tiefe anvertraut hatte.

Dieses luftige Gebilde rettete in letzter Sekunde den beiden tapferen, aber erfolglosen göttlichen Kriegern das Leben. Sie bestiegen die Feder und flogen mit ihr an die Erdoberfläche, wo ihnen die Geister der Unterwelt nichts anhaben konnten.

Die Chindies, Tsedo Nahunti und der Riese Tseaheenidit treiben nicht nur in den Augen und in der Vorstellung der Kinder nach wie vor ihr Unwesen in den Klüften und Canyons des Navajo-Landes. Wie lange noch, das ist die Frage. Wahrscheinlich werden sie bald abgelöst durch die allgegenwärtigen Drachen von Jurassic Park, durch Godzilla und andere populärere und weit verbreitete Fernsehmonster, die weltweit in die Kinderzimmer Einzug gehalten haben. Die typischen Navajo-Monster und -Geister gehören inzwischen zu den »gefährdeten Spezies«, wie möglicherweise sogar die Kultur der Navajos und anderer, die sich mitten im Ansturm des alles und jedes nivellierenden »American Way of Life« in ihrer härtesten Bewährungsprobe und in ihrem schwierigsten Überlebenstest befinden.

Begegnung der Kulturen im Südwesten Amerikas

Der Südwesten der USA, ein riesiges Gebiet unter unendlichem, meist blauem Himmel, ist geprägt von einer eigenständig-eigenwilligen, teilweise überwältigend großartigen Landschaft und Kultur. Es wird charakterisiert durch das heiße, sonnige und meist trockene Klima, durch die multikulturelle Vergangenheit.

Der indianische Schriftsteller Scott N. Momaday hat seine Gefühle einmal so beschrieben: »Zu den Zeiten, als ich ein Junge war, ritt ich über die purpurrote, gelbe und orangefarbene Ebene von Jemez Pueblo in Richtung Sonnenuntergang. Ich hatte ein Pony, einen Schimmel; es war schnell und machte beim Reiten keine Schwierigkeiten. Ich ritt zwischen Dünen und Tafelbergen und Felsen hindurch. Ich stieg hinab in tiefe Canyons und querte ausgetrocknete Bachbetten. Ich nahm Kontakt auf mit diesem Land, anders als es ein Reisender tut, der sich nach gewissen Aussichtspunkten orientiert und in die Ferne blickt. Ich sah das Land direkter, echter, inniger. Ich sah es zu jeder Jahreszeit und aus unzähligen verschiedenen Perspektiven. Ich spüre noch immer, wie sich die Bewegungen meines Pferdes auf meinen Körper übertragen, und höre, wie seine Hufe auf dem Felsboden klingen. Ich fühle immer noch, wie es ist, an einem heißen Sommertag in eine kühle, frische Regenwand hineinzureiten.«

Nicht weniger als 25 Eingeborenen-Gruppierungen haben im Südwesten den Ansturm der europäischen Invasoren überlebt. Sie sind mit dafür verantwortlich, dem Land neben der pittoresken Kulisse mit ihren himmelhohen, schneebedeckten Bergriesen, den breiten, fruchtbaren Flusstälern, den tief eingekerbten Canyons, den abrupt sich aus den Ebenen erhebenden Tafelbergen, den Mesas, »den Himmelsinseln über dem Land«, den weiten Grasflächen und den trockenen Wüsten oder Halbwüsten ein ausgesprochen attraktives Flair zu schenken.

»Es ist eine Masse von Klippen und Terrassen mit waagerechten Bändern, eingestürzten Bastionen, roten und weißen Kegelbergen, felsigen Plattformen, eingekerbt von tiefen Canyons, von verbrannten Ebenen, in denen nicht einmal mehr Salbei wächst – all das ist farbglühend und übergossen von blendendem Sonnenlicht«, schrieb der Geologe Clarence Dutton im Jahre 1872.

Sicherlich beherbergt der Südwesten eine der atemberaubendsten Landschaftsformationen dieser Welt; er ist aber auch eine der – ohne große technische Hilfsmittel – äußerst schwierig zu bewohnenden Regionen.

*

Mit weit aufgerissen Augen und aus sicherer, ängstlicher Distanz heraus hatten die Neuankömmlinge aus dem Norden die in den Klüften der Canyons festungsartig aufgemauerten Häuser der Anasazi, die eindruckvoll massiven, vielstöckigen Bauten der Pueblo betrachtet, in denen Hunderte von Menschen lebten. Beim Anblick von deren Mais-, Baumwoll-, Kürbis-, Tabak- und Bohnenfeldern ist ihnen wahrscheinlich das Wasser im Munde zusammengelaufen, und als sie der zahmen Truthähne ansichtig wurden, träumten sie vom Schlaraffenland.

Sie beneideten die Alteingesessenen um deren leichte, gewebten Stoffe, aus denen diese ihre Kleider und Umhänge gefertigt hatten, um deren Schmuck aus Jade, um die Körbe und Töpfe, in denen sie ihre Nahrung transportierten, aufbewahrten und zubereiteten, um die Feldfrüchte, die sie von der Jagd weitgehend unabhängig machten.

Der Einfall der Dene in den Südwesten wird oft mit dem Auftauchen der Germanenstämme vor den Toren Roms verglichen. Doch wie so viele Vergleiche hinkt auch dieser gewaltig. Die Germanen waren zu Zeiten der Völkerwanderung viel zahlreicher, sie waren längst Ackerbauern und Viehzüchter, besaßen eiserne Waffen und Gerätschaften, Wagen und Pferde, ein viel stärker ausgeprägtes Zusammengehörigkeitsgefühl, eine einfache, aber schlagkräftige und effektive militärische Organisation. Sie standen auf einer kulturell bedeutend höheren Stufe als die Dene. Um ähnliche europäische Verhältnisse als Vergleich zur Situation im Südwesten Nordamerikas des 13. Jahrhunderts heranzuziehen, müssten wir das Zeitrad in der Alten Welt noch mal 3 000 Jahre zurückdrehen - bis weit hinein in die Steinzeit.

Aber die Neuankömmlinge im Südwesten, vor allem die späteren Navajos, waren im Gegensatz zu den Paiute und manchen anderen rothäutigen Völkern bereit und fähig, von ihren neuen Nachbarn zu lernen. Nur in den engen, dunklen Häusern und Räumen der Alteingesessenen würden sie nicht wohnen wollen: Dort hätten sie sich eingemauert, eingeschlossen, als Gefangene gefühlt.

*

Wie man schätzt, sind die ersten Menschen, die Vorfahren der vielen im Südwesten lebenden Indianer, vor rund 12 000 Jahren in diesem Raum angekommen. Sie stammten - nachdem sie die damals noch existierende Landbrücke zwischen Ostasien und Alaska überschritten hatten - ebenfalls aus dem hohen Norden des amerikanischen Kontinents.

Ursprünglich jagten sie Mammuts und Riesenbisons der untergegangenen Megafauna und später - etwa um 8000 vor Christus, als die klimatischen Bedingungen zum Schlechteren hin wechselten und es trockener wurde - die in das vorgegebene Biotop einrückenden Antilopen, Hirsche, Karnickel und sonstige Kleintiere. Sie sammelten Samen, Früchte, Insekten, gruben Wurzeln aus, schlugen sich durch, so gut es eben ging.

Man spricht in diesem Zusammenhang von den archaischen Wüstenvölkern, die schon um 2500 bis 2000 vor Christus, wenn auch noch zögernd, mit dem Anbau von Feldfrüchten begannen.

Die Ureinwohner des Südwestens mussten sich anpassen an die verschiedenartigen ökologischen Voraussetzungen, die sie vorfanden; sie mussten sich arrangieren. Sie lernten - so harsch und schwierig dieser Prozess in vielen Fällen auch sein sollte - ihr Land schätzen und lieben. Sie wurden sesshaft.

Nach und nach formten sich die einzelnen Kulturstränge und Völker wie die die Berge bewohnenden Mongollon, die so genannten Korbflechter des Colorado-Plateaus, die Anasazi, die Patayan, die Sinagua und Salado.

Es waren die klimatisch-biotopischen Gegebenheiten, die Nähe oder Ferne zu den Hochkulturen Mexikos, die zu den verschiedenen Lebens- und Ausdrucksformen führten, aber auch zu dem zähen Festhalten daran, zu einer Heimatliebe, wenn man so will, die das kulturelle Überleben überhaupt erst möglich machten.

Die Indianer fühlten sich als Teil des Landes, der Natur. Sie nahmen, was sie zum Leben brauchten. Aber auch sie beuteten aus, soweit sie die Mittel dazu besaßen. In der Regel unterwarfen sie sich jedoch den natürlichen Vorgaben und Gesetzen. Trotzdem: Die Daseinsformen in diesen Regionen stagnierten keineswegs, sie entwickelten sich weiter.

Um 300 vor Christus tauchten Neuankömmlinge aus dem Süden, dem heutigen Mexiko, auf: die Hohokam. Dieses Volk verstand es als erstes, die vorhandenen Flüsse und Seen zur künstlichen Bewässerung zu nutzen.

Die meisten Menschen im Südwesten waren um die Zeitenwende Ackerbauern. Sie bauten im wesentlichen Squash, den amerikanischen Fleischkürbis, sowie Bohnen und Mais an. Sie ergänzten ihre Nahrung durch das Sammeln von Wildfrüchten und durch die Jagd.

Die wenigen Wüsten- und Halbwüstenbewohner dagegen blieben Nomaden. Sie brauchten zum Überleben in der vorgegebenen Kargheit riesige Gebiete. Sie mussten ständig unterwegs sein, um das äußerst bescheidene Nahrungs- und Wasserangebot zu nutzen. So wie sie lebten auch die Dene die ersten fünfzig bis hundert Jahre nach ihrer Ankunft im Südwesten.

*

Die Anasazi – in der Sprache der Dene treffend »Die Alteingesessenen« genannt – waren ebenfalls ursprünglich ein Volk von Jägern und Sammlern gewesen, doch sie ließen sich von Mexiko her zu einer kulturellen Evolution stimulieren. Auch sie begannen, schon in den ersten

Jahrhunderten nach der Zeitenwende, mit dem Ackerbau zu experimentieren. Es war in erster Linie der Mais, der bereits die Grundlage der mexikanischen und südamerikanischen Hochkulturen geliefert hatte, der auch bei den Anasazi die zivilisatorische Entwicklung mitbestimmte.

Ihr Kernland war das heutige »Vier-Staaten-Eck« Utah, Colorado, New Mexico und Arizona, die »Four Corners« beiderseits des San Juan River.

Sie hausten in einfachen, meist dauerhaften Unterkünften und temporären Laubhütten. Sie hüllten ihre Verstorbenen in Matten oder steckten sie in Körbe und bestatteten sie – soweit es das Erdreich zuließ – unter dem Fußboden ihrer Behausungen.

Zwischen 400 oder 500 nach Christus intensivierten sie den Ackerbau, begannen mit der Herstellung von Tonwaren. Sie nutzten die Feuchtigkeitstaschen in den Sohlen der vielfältig und pittoresk erodierten Täler und Canyons ihrer Heimat, bauten dort ihre Feldfrüchte an. Für ihre Wohnstätten suchten sie den zusätzlichen Schutz von Überhängen und natürlichen Höhlen. Sie domestizierten den Truthahn, übernahmen – beeinflusst von den mexikanischen Kulturen – den Anbau von Tabak und Baumwolle und übten sich alsbald in der Webtechnik.

Die gesicherte Produktion von Nahrungsmitteln ließ ihnen Zeit, um Schmuck herzustellen, auch Ton-Figurinen zu religiös-kultischen Bildnissen zu brennen. Ab 800 nach Christus stiegen die »Alteingesessenen« aus ihren schlichten Erdgruben-Behausungen heraus und begannen, sie übererdig zu »richtigen« Häusern aufzumauern.

Unter den weiteren Impulsen aus Mexiko entwickelten sie die Bautechnik weiter und schufen »Kompakt-Häuser«, aus denen die heute noch sichtbaren und bewundernswerten Bauten aus Lehmziegeln und Sandstein entstanden. Es waren in Wabenform aneinander und übereinander geschachtelte, rechteckige Wohn- und Vorratsräume. Die Töpferei gelangte mit ihren dekorativen, eindrucksvollen, grafischen Schwarz-Weiß-Motiven zur Hochblüte.

Die Erinnerung an die einst runden, halb in die Erde versenkten ursprünglichen Wohnungen blieb erhalten: Die Anasazi- und Pueblo-Leute nutzten in der Folge diese Bauform als *Kiva,* als Versammlungs- und Kultraum für religiöse Rituale. In den Boden gruben sie Erdlöcher – die *Sipapu,* durch die die Seelen der Menschen die Welt betreten und auch wieder verlassen konnten. Ihre Toten begruben sie nach wie vor unter dem Fußboden ihrer Wohn- und Vorratsräume.

Ein Dene wäre vor Entsetzen bis ans Ende der Welt geflüchtet, hätte er in solch engem Kontakt mit einer Leiche sein Leben fristen müssen. Die Scheu vor allem, was mit dem Tod zusammenhängt, reicht – wie bereits erwähnt – bei den Navajos bis in unsere Tage.

Im Chaco Canyon entstand ein Zivilisationszentrum mit einer Einwohnerschaft von geschätzten 5 000 bis 8 000 Menschen. Das dort gelegene Pueblo Bonito allein verfügte über rund 800 Räume und ein Dutzend Kivas, und darüber hinaus entstanden allein in diesem Canyon acht weitere beeindruckende Wohnkomplexe. Hier war ganz offensichtlich eine effektive Zentralgewalt am Werk, sonst wäre es unmöglich gewesen, die Bewässerungssysteme, Bauten und Straßen anzulegen.

Schon 1050 nach Christus – nur ein Jahrhundert nach ihrem Entstehen – fiel die so genannte Chaco-Kultur wie ein Kartenhaus in sich zusammen. Vielleicht nahm der Bevölkerungsdruck überhand; vielleicht war der Grund eine anhaltende regionale Trockenzeit; möglicherweise erschöpften sich die natürlichen Ressourcen – oder der menschliche Zusammenhalt und Kooperationswille erwiesen sich als nicht dauerhaft. Die Dene waren zu diesem Zeitpunkt noch nicht im Südwesten aufgetaucht.

Doch ein anderes Phänomen ist ebenfalls bemerkenswert: Für die Errichtung der Bauten in diesem Canyon, zum Unterhalt der Wärm- und Kochfeuer zum Beispiel, wurden in der Umgebung an die 100 000 Bäume gefällt. Das wiederum führte zu einer eskalierenden Erosion, zum Austrocknen natürlicher Wasserspeicher. Vermutlich war es eine Kette von Gründen und Sünden, die zum Zusammenbruch des Systems und zum Auszug der Menschen führten.

Anderswo waren es plötzliche Katastrophen, die unvorhersehbare Änderungen auslösten. Im nördlichen Arizona, in der Gegend des heutigen Flagstaff, überschüttete ein Vulkanausbruch (bei dem der jetzige Sunset Crater entstand) im Jahre 1065 die Felder des Anasazi-Satellitenvolkes der Sinagua mit heißer Asche und erstickte jegliche Vegetation.

*

Der Austausch mit den Hochkulturen Mexikos hatte sich während der letzten Phase der Anasazi-Epoche intensiviert: Kupferglöckchen, Papageien (die wegen ihrer Federn gehalten wurden), die Mosaikkunst, das Weben von bunten Federmänteln für zeremonielle Zwecke und andere Kenntnisse verbreiteten sich.

Trotz alledem war der heutige Südwesten der USA für die vergleichsweise hoch zivilisierten Menschen Mexikos *Chichimeca,* das »Barbarenland«, bewohnt von den *Chichimeken* oder »Wilden«, in das sich nur ebenso gewiefte wie unerschrockene Händler trauten.

Sozialordnung, religiöse Strukturen und Ausdrucksformen der Anasazi waren immer komplexer geworden. Aber jede Siedlung blieb von der anderen unabhängig – die kultisch-zeremoniellen Gemeinsamkeiten wurden zwar gepflegt, doch entstand keine tiefere ökonomisch-politisch-soziale Verbindung der einzelnen Gemeinwesen untereinander.

Obwohl die Anasazi-Kultur in einigen regionalen Bereichen bereits ihre Götterdämmerung hinter sich hatte, setzte ihre eigentliche Blüte etwa um 1100 ein und dauerte bis um 1250 nach Christus.

Bemerkenswerterweise schirmten sich die im Norden und Osten der Anasazi umherziehenden, weitgehend nomadisierenden Völkerschaften – auch die ersten Dene – gegen deren kulturellen Einflüsse ab. Was auch immer die Gründe gewesen sein mochten, sie hielten an ihrem ungebundenen, freischweifenden Jäger- und Sammlerdasein fest.

*

Es mag Drohgebärden oder tatsächliche Überfälle, Streit der einzelnen Bevölkerungsgruppen der Anasazi untereinander oder mit den Nomadenvölkern im Norden und Osten gegeben haben. Auch ihre sesshaften Kontrahenten, die Pueblo, waren im »Nebenerwerb« immer noch Jäger, und die Jagd blieb auch für die Anasazi ein nicht zu unterschätzendes Zubrot zum Ackerbau. Diese Menschen wussten ihre Jagdwaffen auch gegen feindselige Fremde zu gebrauchen.

Es ist immer noch umstritten, warum die Anasazi ab 1200 nach Christus das zerklüftete Terrain, vor allem die erodierten, senkrechten Sandstein-Abstürze so geschickt nutzten. War es eine Vorsichtsmaßnahme, um den seltenen Überfällen der Nomaden – zu denen sicherlich auch die ersten Dene gehörten – vorzubeugen und/oder zu begegnen? Oder gab es kultische Gründe, die sie dazu bewogen? Jedenfalls schachtelten sie ihre Behausungen – wie im Canyon de Chelly und Mesa Verde – direkt in die Wände hinein. Sie errichteten aber auch regelrechte Türme, die wahrscheinlich weniger Verteidigungszwecken dienten, als vielmehr Kultstätten waren.

Die Wohnwaben der so genannten *Cliff Palaces* der Mesa Verde und im Canyon de Chelly sehen wie überdimensionierte Schwalbennester aus. Sie sind heute noch ebenso eindrucksvoll wie sie damals uneinnehmbar waren; effektiv gegen alle feindseligen Absichten unliebsamer Nachbarn – doch nicht gegen die unvorhersehbaren regenarmen Zyklen der Mutter Natur.

Nur über in den Fels geschlagene, halsbrecherische Treppen war es möglich, die oberen Canyon-Ränder zu erreichen und dort auf der Hochfläche eine magere Ernte einzubringen. Auch die klaustrophobische Enge der kaum ventilierten Räume, die schlechten Heizmöglichkeiten führten zu einem allgemein katastrophalen Gesundheitszustand der Bewohner der Felsenhäuser, die die staunende Touristenschar heute so pittoresk findet. Nach Ansicht der Wissenschaftler wurde rund die Hälfte aller geborenen Kinder nicht älter als vier Jahre. Um weiteres Überleben zu sichern, hatten die Menschen keine andere Wahl: Sie mussten weiterziehen. Um 1300 waren die Wohn- und Verteidigungsanlagen zu Geisterstädten geworden.

Da kaum Zeichen auf äußere Gewalt hindeuten, hatten sich um das scheinbar unmotivierte Verlöschen der Anasazi-Kultur die abenteuerlichsten Deutungen und Theorien gerankt. Obwohl die Anasazi in einzelnen Fällen ihre geringe Habe und ebenso bescheidenen Vorräte zurückließen, als beabsichtigten sie, bald in ihre Behausungen zurückzukehren, haben sie sich keineswegs vom Erdboden verschlucken lassen oder in Luft aufgelöst.

Der allgemeine Niedergang hatte etwa 1275 eingesetzt, der Einfluss auf die Nachbarregionen und -völker nachgelassen. Gleichzeitig plagte zwischen 1276 bis 1299 eine außergewöhnliche Dürre das Land. Der Grundwasserspiegel sank; die Abholzung der umliegenden Wälder und damit ihr Verlust als Feuchtigkeitsreservoir rächte sich. Der Druck der ebenfalls um ihre Existenz kämpfenden benachbarten Nomadenvölker, unter anderem auch der Dene, mag zugenommen haben.

Möglicherweise hatte es eine Umschichtung der einzelnen Stämme und Völker gegeben, weil die erst kürzlich aus dem Norden eingewanderten »Barbarenvölker« Unruhe schufen. Mag sein, dass die Sozialgemeinschaft in einzelne Fraktionen aufbrach. Die Leiter zum Abstieg hat viele Sprossen.

Trotzdem: Besonders bemerkens- und bewundernswert ist das offensichtlich friedliche Miteinander und Nebeneinander, ist die Harmonie, mit der sich die Entwicklung, die Blütezeit und wahrscheinlich sogar der passiv-resignative Untergang der Anasazi-Kultur vollzog.

Wie auch immer, die letzten Rätsel, die zum Verlöschen der bis dahin eindrucksvollsten Kultur Nordamerikas führten, werden wohl nie gelöst werden. Die Anasazi haben keinerlei Aufzeichnungen – weder in Schrift noch in Bild – hinterlassen.

Eine Frage jedoch bleibt offen: Wo zogen sie hin, diese so bemerkenswerten Anasazi?

Wie anderswo müssen mehrfache Erklärungen herhalten: Teils sind sie in der heutigen Pueblo-Kultur aufgegangen, die ohnehin viele sichtbare Einflüsse, Ähnlichkeiten und Übereinstimmungen aufweist. Andere Anasazi sind wohl in den Süden gezogen und haben sich mit den heutigen Pima, Papago und anderen Stämmen vermischt. Wieder andere haben sich mit den Dene zusammengetan und sind noch weiter abgestiegen von der Evolutionsleiter und zur ursprünglichen Lebensform der Menschen des Südwestens zurückgekehrt, sind wieder zu dem geworden, was sie nie ganz aufgegeben, geschweige denn vergessen hatten: zu freischweifenden Jägern und Sammlern.

*

Im 14. und 15., also den beiden letzten Jahrhunderten vor dem Einfall der Weißen in Amerika, gingen im Südwesten große Verschiebungen, regelrechte Völkerwanderungen über die Bühne.

Danach formten sich erst die Lebensräume der heutigen Völker: Pueblo, Hopi, Zuni, O'Odham oder Pima, Yuma, Papago und wie sie alle heißen mögen. Aus dem Norden eingefallen waren im Wesentlichen die Dene, die späteren Navajos und die Apachen.

Wie lange die Wanderschaft dieser letzten Ankömmlinge dauerte - zehn, fünfzig, hundert oder fünfhundert Jahre - niemand weiß es. Es geschah zu einer Zeit, da Zeit und Raum für den Menschen noch nicht die Bedeutung hatten wie heute. Wir wissen lediglich, dass die große Völkerverschiebung im 12. oder 13. Jahrhundert im Prinzip abgeschlossen war.

Die Dene waren die »Barbaren« und standen erst mal in staunender Sprachlosigkeit vor den *Kin Yaa'a,* den hohen Häusern und den befremdlich agierenden Menschen, die sie bewohnten.

Sie setzten sich in Arizona und im nördlichen New Mexico fest. Sie lebten in den bewaldeten, relativ gut bewässerten Gebirgsregionen, aber auch in ärmlichen Wüsten und Halbwüsten. Sie jagten Hirsche und Antilopen, Karnickel und andere Kleintiere, ernteten Mescal, Feigenkaktus und andere Kaktuspflanzen sowie Salbei, Piñon-Nüsse und Sonnenblumenkerne und alles, was sonst noch an wild wachsender pflanzlicher Nahrung vorhanden war.

Sie etablierten sich vorläufig in respektvollem oder gewolltem Abstand zu den sesshaften Indianern. Sie zogen in den noch unbesiedelten Regionen umher, die sie fortan als ihre Heimat bezeichneten.

Doch das blieb nicht lange so. Der Anblick der bis dato unbekannten Güter und des fremden Besitzes weckten Begehrlichkeiten. Aus den staunenden »Wilden« aus dem Norden wurden Neider, aus Neidern Diebe. Nach und nach begannen sie, sich das zu holen, was man ihnen nicht freiwillig gab. Ihre Überfälle auf die Sesshaften begannen. Die Dene stahlen den Anasazi und Pueblo bald den Mais vom Stängel, die Bohnen von der Ranke, die Kürbisse aus den Gärten, die Truthähne aus den Umfriedungen.

Danach dauerte es nicht mehr lange, und die umherziehenden Nomaden bemächtigten sich auch der Kinder und der Frauen der Pueblo und späten Anasazi, die sich zu weit und ohne männlichen Schutz aus ihren Siedlungen herausgewagt hatten. Während sie einzelne Männer, die sie überwältigen konnten oder die sich gegen ihre Räubereien wehrten, kurzerhand umbrachten, gliederten sie die erbeuteten Frauen und Kinder in ihre Familien und Sippen ein.

Umgekehrt wurde natürlich auch ein Schuh daraus: Wenn die Pueblo einen oder mehrere Dene oder gar ganze Familien schnappten, dann machten sie den Älteren ohne viel Federlesens den Garaus und nutzten die Jüngeren als Sklaven und/oder als Nebenfrauen. Die erbeuteten Kinder waren eine willkommene Bereicherung und Vergrößerung der eigenen Familien.

Es kam ein Austausch des Blutes, aber auch der Kulturen zustande. Die geraubten Frauen der Pueblo und die sich freiwillig unter sie mischenden Anasazi schenkten den Dene nicht nur Kinder, sie brachten auch vorher unbekannte Kenntnisse mit: das Töpfern, das Weben, den Hausbau; sie zeigten den Nomaden, wie man Mais, Tabak, Bohnen und Kürbis zieht, wie zahme Truthähne gezüchtet werden.

Einzelne Dene begannen schon sehr früh, unter dem Einfluss und der Anleitung der Pueblo die klassischen Feldfrüchte der Alteingesessenen wie Mais, Squash und Bohnen anzubauen. Sie wurden unabhängiger von den Zufälligkeiten der Jagd. Manche übernahmen Fertigkeiten, Sitten und Gebräuche von den kulturell höher stehenden Nachbarvölkern, ohne jedoch ihren Nomadencharakter oder gar ihre Identität aufzugeben. Die Möglichkeiten, friedlich ihr Leben zu gestalten, blieben immer nur ein Teil ihrer Existenz. Ihre ursprüngliche Wildheit und Raublust legten sie damit nicht ab.

*

Die Fortschrittlichen blieben die Ausnahme. Die Schritte vom Jäger und Sammler zum Viehzüchter und von diesem zum Ackerbauern sind gewaltig und nicht innerhalb einer oder weniger Generationen zu vollziehen. Warum, so fragten sich viele der Dene, sollte man sich die Mühe machen, den eigenen Rücken zu krümmen und im

Schweiße des Angesichtes den Boden bearbeiten, wenn der Raub nicht nur viel unaufwendiger war, sondern mit einer Menge Thrill und bei Erfolg auch noch mit beträchtlichem Prestige belohnt wurde?!

Dass hin und wieder einer der Räuber ins Gras beißen musste, das gehörte zum kalkulierten Risiko dieser Einstellung.

Nur wenn die Erfolgsaussichten von Gewaltanwendung für beide Seiten allzu mies waren, dann entschlossen sie sich zum Handeln: die Antilopenfelle der Dene gegen den Mais der Anasazi, das getrocknete Hirschfleisch gegen die Töpfereien oder den Schmuck der Pueblo.

Es gab wahrscheinlich Allianzen innerhalb der auch hier begrenzt und kurzfristig aufflackernden, blutigen Auseinandersetzungen, aber regelrechte Kriege wurden nicht geführt. Es ging nicht darum, andere Völker in die Abhängigkeit zu führen, zu unterdrücken oder gar zu vernichten. Auch wenn bei den sporadischen Überfällen Blut floss, waren es immer nur eng begrenzte Aktionen und nicht die Existenz des Gegners bedrohende Feldzüge.

Für die Sesshaften ging es bei diesen kriegerischen Aktionen um die Erweiterung ihrer Anbauflächen. Den Wüstenbewohnern und Dene waren die Raubzüge unverzichtbarer Teil ihres traditionellen Freibeutertums. Sie gehörten zu ihrer Existenzsicherung und waren für sie eine andere Form der Jagd.

*

Die Dene waren kein zahlreiches Volk. Sie zählten vielleicht 3 000, womöglich 5 000 Seelen. Von diesen wiederum waren die meisten Kinder, Frauen und heranwachsende oder alte Männer. Das bedeutete, dass die Vorfahren der Navajos und Apachen höchstens über tausend vollwertige, einsatzfähige Krieger verfügten. Und die lebten weit verstreut über ein riesiges Gebiet von gut 500 000 Quadratkilometern. Nur wenige hatten direkten Kontakt miteinander.

Das Volk setzte sich darüber hinaus aus den verschiedensten Gruppierungen weit verstreuter, voneinander unabhängiger Clans zusammen, die sich bei Bedarf und Gelegenheit zu den manchmal überraschenden Bündnissen auch mit blutsfremden Nachbarn zusammenschlossen und sich ebenso wieder trennten.

Auch die Dene untereinander waren sich nicht immer grün. Mal schlugen sie sich, mal übten sie Toleranz, ab und zu arbeiteten und kämpften sie gemeinsam. Auf Gedeih und Verderb, auf immer und ewig zueinander zu stehen, wäre einem Dene nie in den Sinn gekommen. Schon die geografischen Gegebenheiten, die riesigen Entfernungen in diesem ausgedörrten, felsigen, von himmelhohen Bergketten überragten und von höllentiefen Canyons durchschnittenen Territorium widersetzten sich jeder engeren politischen und militärischen Organisation. Der ausgeprägte Individualismus der Männer und Frauen und ihre damals noch ungezähmte Wildheit sprachen ohnehin jedem übergeordneten Ordnungsversuch Hohn.

Wenn sich ein paar Dutzend Männer oder gar eine Hundertschaft gemeinsam auf den Kriegspfad begaben, war solch eine Truppe in den Augen der Dene eine riesige Streitmacht.

Der Kriegspfad, der Kampf, war eine bedeutsame Facette ihrer Existenz. Darüber hinaus waren die Dene nach wie vor nomadisierende Jäger und Sammler, die nur gelegentlich einen höchst rudimentären Ackerbau betrieben. Wichtiger wurde mehr und mehr der Ertrag räuberischer Überfälle auf die Besitzenden - auf die Pueblo und Zuni vor allem. Die Betroffenen sorgten dafür, dass sich der schlechte Ruf der Dene, der späteren Navajos und Apachen, rasch verbreitete, dass er über Jahrhunderte Bestand hatte, dass diese Menschen als besonders unzähmbar, wild und grausam galten.

An den Überfällen beteiligte sich ganz selten eine größere Gruppe, meist waren es die wehrfähigen Männer eines oder mehrerer eher zufällig zusammenlebenden Clans, kaum mehr als ein Dutzend Krieger. Sie unterschieden streng zwischen Krieg und Raubzug. Krieg stand an, wenn ein Clanmitglied den Tod eines ihm nahe stehenden Familienmitgliedes rächen wollte, wenn sich unter seiner Führerschaft eine Anzahl Männer zusammenfand, um das Unrecht zu sühnen.

Ein Raubzug wurde inszeniert, wenn es galt, sich an den Nachbarvölkern mit Gewalt oder List zu bereichern. Dabei verschonten sie nicht einmal ihre weiter entfernt lebenden Cousins oder die nicht direkt verwandten Angehörigen des eigenen Volkes. Nicht selten bekämpften Dene andere Dene mit der gleichen Wildheit wie fremde Indianer. Wenn sie die weiter entfernt lebenden eigenen Leute schonten, dann in erster Linie, weil bei diesen genauso wenig zu holen war, wie bei ihnen selbst.

Es gab weder todesmutige Kriegerkasten, noch legten sie Wert darauf, sich in einer aussichtslos scheinenden Situation bis auf den letzten Mann zu verteidigen. Im Gegensatz zu den Prärie-Indianern galt den Dene der so genannte *Coup* wenig, die Berührung des Gegners mit einem kurzen Holzstab, der einem Kämpfer zwar eine

Menge Ehre, doch kaum Erfolg oder Profit einbrachte. Sie sahen das Kriegsgeschehen eher von der praktisch-opportunistischen Seite.

Ihre Art der Kriegführung war die der Nadel-, der Florettstiche, nicht die der Vernichtung. Wie schon in der althergebrachten jagdlichen Philosophie der Dene war nicht das Ausmerzen ihrer Beute das Ziel, sondern sie wurde als Mittel zum Zweck des eigenen Überlebens angesehen. Allenfalls durften sie zur Ader gelassen, doch keineswegs ausgerottet werden.

*

Nachdem die Anasazi von der Bühne des Südwestens abgetreten waren, blieben den Dene immer noch die Pueblo als Objekte ihrer Räubereien. Doch diese sesshaften indianischen Häuslebauer wurden im weiteren Maße als je zuvor auch ihre Lehrmeister, ihre Handelspartner.

Wenn man einmal die mündlich überlieferte Geschichte des »Navajo Enemy Way« des schmückenden Beiwerks der Mythen entkleidet, dann bleibt als handfestes, nachvollziehbares Geschehen die typische Initialzündung und der übliche Ablauf einer Auseinandersetzung zwischen sesshaften Pueblo-Bewohnern und schweifenden Nomaden übrig. Auch wenn zum Schluss, genau wie in der modernen Kriegsberichterstattung, der Verdacht bestehen bleibt, dass das Ergebnis zugunsten der erzählenden Partei geschönt ist – wie in der nachstehenden Geschichte:

»Der Corn People Clan der Dene lebte nicht weit von einem Pueblo entfernt. Es könnte Taos gewesen sein, aber auch Jemez, doch das ist nicht bedeutsam. Die Dene-Männer, geblendet von dem fast greifbar vor ihnen liegenden Reichtum, beschlossen, einen Raubzug gegen das Pueblo zu unternehmen. Aber sie waren nur wenige, und die anderen waren viele, also warteten sie auf eine günstige Gelegenheit.

Diese Gelegenheit kam früher als erwartet, als die Pueblo-Leute einem Dene-Jungen eine Menge Schmuck und Edelsteine versprachen. Der Knabe sollte einen hohen Felsvorsprung erklimmen, um ein Adlernest auszurauben, die Jungtiere herausnehmen und ihnen aushändigen.

Doch die Pueblo-Leute hatten (nach der Dene-Version) Böses im Sinn. Sie planten, dem Jungen den Abstieg zu verwehren und ihn oben auf der hohen Klippe verhungern und verdursten zu lassen.

Doch die Dene durchkreuzten den üblen Plan: Sie tanzten mit den Pueblo so lange, bis diese ermattet in den Schlaf sanken. Die nach wie vor alerten Dene nahmen ihren Widersachern Schmuck und Edelsteine ab; sie tanzten weiter und weiter, bis sie sich in die Lüfte erhoben und sowohl den Jungen retten konnten – und auch die jungen Adler als Beute an sich brachten.

Das war für die Dene der Beweis, dass die Pueblo-Leute leicht zu überlisten waren. Also legten sich ein Vater und sein Sohn an einer Quelle in einen Hinterhalt und warteten geduldig drei Tage lang, bis die Pueblo zum Wasserholen erschienen.

Endlich tauchte ein Junge mit einer aus einem Kürbis gefertigten Kalebasse auf. Vater und Sohn nahmen ihn ohne Mühe gefangen und verschleppten ihn in ihr Lager. Von diesem Erfolg beflügelt, wiederholten die beiden Dene das Unternehmen und brachten noch einen Jungen und ein Mädchen in ihre Gewalt. Damit waren sie aber immer noch nicht zufrieden: Sie wollten noch mehr, noch größeres Prestige einheimsen. Doch sie fühlten sich zu schwach für einen größeren Überfall, bei dem sie mit heftiger Gegenwehr rechnen mussten.

Diesmal brachten sie mehr Männer zusammen, als sie Finger an beiden Händen hatten, und zogen gegen das Pueblo. Doch dort war man gewarnt: Die Pueblo-Krieger umringten die Dene auf einem felsigen Plateau und metzelten einen nach dem anderen nieder. Wäre die Nacht nicht hereingebrochen, die Angreifer wären bis auf den letzten Mann getötet worden. Einige wenige konnten im Schutz der Dunkelheit entkommen.

Danach sannen die Dene auf Rache: Die Überlebenden suchten und fanden Dutzende von Verbündeten. Nicht nur das: Ein Sohn des Kriegsgottes übernahm das Kommando und sagte: ›Die Feinde sollen sterben, und die Coyoten sollen ihr Fleisch verzehren, die Krähen sollen es ihnen von den Knochen reißen, die Wölfe in alle Richtungen verschleppen, die Häher sollen die Reste aufpicken.‹

Sie kampierten viermal - die heilige Zahl der Dene. Prompt gelang der Überfall auf das Pueblo. Die Verteidiger versuchten die Flucht zu ergreifen, aber die Angreifer töteten so viele von ihnen, wie sie nur konnten, auf den Plätzen, auf den Dächern, in den Häusern, auf den Terrassen - und das Skalpieren nahm erst ein Ende, bis keine Skalps mehr zu holen waren.«

Der Einfall der Spanier und die Suche nach der Goldenen Stadt

Mit der ihnen eigenen konsequenten Tapferkeit und ihrem Stolz, mit allem Glanz und Gloria hatten die Iberer das letzte Aufwallen eines elitären, traditionellen, mittelalterlichen Rittertums hinüber in die Neue Welt getragen. Sie waren rassistisch, überheblich, klassenbewusst, arrogant, goldgierig, brutal, grausam, rücksichtslos gegen sich und andere - großherzig, edelmütig, tapfer - sie waren gleichzeitig unnachsichtig konsequent und ebenso impulsiv wie spontan.

Die Spanier waren Eroberer, *Conquistadores,* eine Kriegerelite, eingebunden in einen Kodex von Pflichtbewusstsein, Ehre und Tradition. Sie stritten wie die Löwen für Gott, König und für eigenen Ruhm und Reichtum. Ein paar Tausend von ihnen hatten in wenigen Jahrzehnten rund zwölf Millionen Indianer in die Abhängigkeit geführt. Ihr Ziel war Eroberung und Unterwerfung - trotz aller Blutbäder -, nicht die Vernichtung der eingeborenen Völker.

Ende des 16. Jahrhunderts beherrschten sie Amerika vom Rio Bravo del Norte, dem heutigen Rio Grande, bis zum Rio de La Plata in Argentinien. Aber ihnen fehlte die breite Basis eines mächtigen, nie versiegenden Kolonistenstromes, eines Millionenheeres von Menschen, die das unendlich weite Land wirklich beherrschen und den Besitz zu sichern vermochten.

Mit dem Einzug der Spanier bekamen die Dene auch einen Namen, mit dem sie für die Geschichtsschreibung identifizierbar wurden. Die Pueblo aus Tewa am Rio

Grande bezeichneten sie mit einem Begriff, der für spanische Ohren wie »Apache de Nabaho«, oder »Apache de Nabaju« klang. Das bedeutet so viel wie »die Fremden der bebauten Felder«. Dazu zwei Anmerkungen: »Fremder« war seinerzeit gleichzusetzen mit »Barbar« oder »Feind«. »Bebaute Felder« ist dagegen eine Bestätigung, dass sich zumindest einzelne Dene schon sehr früh dem Ackerbau gewidmet hatten.

Vorläufig galten jedoch Apache de Nabaho als ein einziges, wildes, räuberisches Volk. Erst später sollten sie sich trennen: Während die »Apache« weiter als Jäger, Sammler, Krieger im Süden umherzogen und ihren schlimmen Ruf und die böse Tradition von Raub und Überfall aufrechterhielten, legten die Navajos zwar lange noch kein umfassend friedfertiges Verhalten an den Tag, doch zeigten sich bereits die ersten Tendenzen zur Sesshaftigkeit.

*

Als Hernando Cortez 1519 in Mexiko landete, befanden sich an Bord seiner Karavellen zehn Hengste und sechs Stuten, herübergebracht aus dem spanischen Mutterland. Sie waren die ersten Pferde, die ihre Hufe auf den Boden des amerikanischen Festlandes setzten. Diese 16 Tiere waren die Urzelle einer zweiten, weniger spektakulären, aber um so nachhaltigeren Eroberungswelle. Die Hand voll Pferde, die ebenfalls mitgebrachten wenigen Rinder und Schafe, die in Mexiko und später im Südwesten der USA ein mit der Iberischen Halbinsel vergleichbares Klima und eine dementsprechende Vegetation vorfinden sollten, waren die vorläufige Basis der kolonisatorischen Entwicklung und für die spätere Beherrschung des eroberten Landes. Sie waren für eine Umschichtung der

Verhältnisse und für die Lebensbedingungen der Eingeborenen nachhaltiger und bedeutsamer als die erstaunlichen, bravourösen und rücksichtslosen militärischen Aktionen der relativ wenigen spanischen Eroberer.

Die weiten, scheinbar unendlichen Ebenen zwischen Mississippi und Rocky Mountains boten Rindern und Pferden einen idealen Lebensraum. Vor allem die Pferde gaben der bis dahin stagnierenden Kultur der über die weiten Flächen verteilten Völker einen ungeheuren Schub. Sie führten zu einer unvermuteten Beweglichkeit der einzelnen Indianerstämme. Sie wälzten die Machtverhältnisse um und ordneten sie neu.

*

Ohne einen ständigen Nachschub von Reit- und Packpferden waren weitere Vorstöße in den unbekannten Norden des Kontinents nicht denkbar. Die Spanier hatten erkannt, dass die von ihnen eingeführte Rasse – eine sehr attraktive und widerstandsfähige Mischung aus andalusischem, arabischem und Berber-Geblüt – sich nahtlos an die Bedingungen der Neuen Welt anpasste, wuchs und sich mehrte. Die Eroberer begannen, in großem Stil Pferde zu züchten.

Mit der Ausplünderung der Schätze Montezumas, dem Ausrauben und der Vernichtung der Inkas durch Hernando Cortez, Francisco Pizarro und einer Hand voll Conquistadores war der Appetit der Spanier auf Gold eher angefacht als befriedigt worden. Im Handumdrehen hatten sie sich ganz Mexikos bemächtigt und dort die reichsten Silberminen der Welt entdeckt. Doch deren Ausbeutung war Aufgabe der Sklaven – der Handel war Sache der Kaufleute. Den Conquistador dagegen lockte das bereits bearbeitete oder das zumindest offen liegende Gold, das er durch Kampf und Eroberung in seinen Besitz bringen konnte. Darüber hinaus galt es, Abenteuer zu bestehen, Ruhm und Ehre einzuheimsen, »Mannestaten« zu vollbringen.

Die fieberhafte Suche nach dem lockendsten aller Metalle wurde zusätzlich angeregt durch eine alte Legende. Nach ihr waren irgendwann im Mittelalter, zwischen dem 8. und 12. Jahrhundert, sieben katholische Bischöfe aus Portugal vor der Herrschaft der ungläubigen Muselmanen übers Meer geflohen und hatten jenseits des »Ozeans der Finsternis« die »Sieben Goldenen Städte Cibolas« erbaut.

Der Spanier Coronado glaubte, aus den Berichten von vier Überlebenden der ersten spanischen Militärexpedition auf das amerikanische Festland eine Bestätigung dieser alten Erzählung herauszulesen. 1528 hatten sich unter dem Befehl von Panfilo de Narvaez 300 Mann in Kuba eingeschifft und waren an der Westküste von Florida gelandet. Sie waren nordwärts marschiert und dann – wie es schien – spurlos von der Erdoberfläche verschwunden.

Acht Jahre später stieß der spanische Sklavenjäger Nuñez de Guzman am Rio Sinaloa im westlichen Mexiko auf zwei merkwürdige Gestalten: Einer war groß und muskulös, schwarz und kraushaarig. Er war allem Anschein nach kein Indianer, sondern ein Mohr, ein Schwarzer. Der andere trug einen langen, dichten, dunklen Bart und war unter seiner abgerissenen Lederkleidung so weiß wie Guzman selbst. Es stellte sich rasch heraus: Der Weiße war ein spanischer Hidalgo mit Namen Cabeza de Vaca und der Schwarze ein Sklave, der seinen Herrn auf jener missglückten Expedition begleitet hatte, die acht Jahre zuvor in den Weiten des neu entdeckten

Kontinents von der Bildfläche verschwunden war. Zusammen mit zwei weiteren Spaniern, die sich nicht weit von ihnen aufhielten, waren sie die einzigen Überlebenden von Panfilo de Narvaez' 300-köpfiger Truppe.

*

Die Davongekommenen bestätigten die Erzählungen der Indianer, nach denen es weiter im Norden reiche Städte gab mit unvorstellbaren Mengen glitzernden, funkelnden, lockenden Goldes.

Coronado – wie die meisten Spanier im Namen Gottes für seinen König kämpfend, aber darüber auch den eigenen Ruhm und den persönlichen Reichtum nicht vergessend – zögerte nicht, der Sache auf den Grund gehen. Außerdem galt es noch, den Mythos der »Straße von Anian« zu konkretisieren, jenen sagenhaften Wasserweg, der quer durch Amerika den Atlantik mit dem Pazifischen Ozean verbinden und den kürzeren westwärts führenden Weg zu den Gewürzen, der Seide, den Schätzen Zipangus und Cathays – Japans und Chinas – freigeben sollte.

Coronado stieß weit nach Norden in den damals noch vollkommen unbekannten Kontinent vor. Doch außer den armseligen Lederzelten und Hütten der dort lebenden Steinzeitmenschen, außer den immerhin erstaunlichen Büffelherden fanden die Spanier nichts Bemerkens-, geschweige denn Mitnehmenswertes.

Nicht einmal die Wohn- und Verteidigungsanlagen der Pueblo-Indianer hielten auch nur halbwegs einen Vergleich mit der aztekisch-mexikanischen Zivilisation und Kultur aus. »Es gibt Haziendas in Mexiko, die sind viel prächtiger als diese übereinander getürmten, halb zerfallenen Bauwerke«, berichtet ein Teilnehmer der Expedition.

Die im Gefolge des spanischen Soldaten mitziehenden Franziskaner-Mönche glaubten, wenigstens eine immaterielle Beute machen zu können: Es ging ihnen um die »armen Seelen der Heidenvölker«. Mit deren »Rettung« und »Bekehrung« gedachten die Spanier, diese Stämme botmäßig und zu Vasallen der Krone zu machen – und so die Vorposten der neuen Kolonie zu sichern. Sie nannten sie Nueva Mexico oder Neu-Mexiko. Alsbald sollten die ersten spanischen Siedler hier sesshaft werden.

Nein, die Bauten der Pueblo-Indianer, so eindrucksvoll und bemerkenswert sie uns heute auch erscheinen mögen, sie waren nicht die sagenhaften »Sieben Goldenen Städte«.

Coronado schickte dem Vizekönig in Mexiko die lakonische Botschaft: »Dort gibt es weder Gold noch ein anderes Metall – nichts außer ein paar kleinen Dörfern.« Das landschaftliche so imposante Drumherum – die Canyons, Mesas, Bergketten, die Prärien, die Wüsten und Halbwüsten – war eine »tierra despoblada« und die Hand voll Menschen, die er dort antraf, »gente sin razon«: »Menschen ohne Vernunft«, Heiden, Primitive, Wilde.

Die Dene, die Apache de Nabaju, erwähnte Coronado mit keinem einzigen Wort. Von ihnen hatte er offenbar nichts gehört oder hatte dem Gehörten keine Bedeutung beigemessen. Die Dene durften sich vorerst sicher fühlen und konnten noch wohl verborgen im Dunkel der Geschichte ihre eigenen Gärten bestellen.

*

Im Juli 1598, über hundert Jahre, nachdem Kolumbus seinen Fuß auf amerikanischen Boden gesetzt hatte, erschien Juan de Onate, der Generalgouverneur und militärische Befehlshaber der spanischen Kolonie Neu-Mexiko, auf der südwestlichen Szene - mit 130 gepanzerten und berittenen Soldaten und einem Tross von Frauen, Kindern, Mitläufern, Geistlichen, 62 Ochsenkarren, 1000 Rindern, 4000 Schafen und 1000 Ziegen.

Die militärischen Expeditionen des Coronado und anderer spanischer Heerführer spukten zwar immer noch als böse Alpträume in der Erinnerung und in den Erzählungen der indianischen »Sänger« des Südwestens, doch die Kavalkade des Juan de Onate war im Vergleich ein viel gewaltigerer Heerzug: Die Indianer flohen in schierem Entsetzen! Nicht nur die schimmernden Rüstungen, die bärtigen Gesichter, die donnernden Feuerwaffen... Es waren auch die fremden, noch nie gesehenen Tiere, die ihnen wie Gefahr drohende Wesen von einem anderen Stern erscheinen mussten und sie in sprachloses Erstaunen, Angst und Schrecken versetzten.

Selbst die gewieftesten und ältesten Schamanen hatten keine Erklärung für die alptraumhaften Erscheinungen, und die Spanier mussten sich so mancher List und Mühe unterziehen, um die Eingeborenen wieder in ihre Pueblo zurückzulocken. Die Eindringlinge kamen diesmal nämlich nicht als Eroberer mit Feuer und Schwert, sondern sie sahen sich in erster Linie als Kolonisten, Zivilisations- und Heilsbringer. Nur wo sich die »armen, unwissenden Heiden« als zu störrisch erwiesen, die Segnungen der Neuankömmlinge zu begreifen und anzuerkennen, musste man ihre Halsstarrigkeit mit Schwert, Lanze und dem Feuer der Musketen brechen und sie eines Besseren belehren.

Die Spanier, obwohl in erster Linie immer noch auf der Suche nach Gold, Ruhm und Ehre im Kampf sowie in der frommen Absicht, die eingeborenen Heiden zu bekehren, wollten siedeln. Die trockenen Hochflächen des nordamerikanischen Südwestens entsprachen denen Zentralspaniens. Sie würden hier zurechtkommen - vorausgesetzt, dass ihnen mit der einheimischen Bevölkerung ein Reservoir von willigen und geduldigen Arbeitskräften zur Verfügung stehen würde.

Die meisten der Pueblo-Indianer beugten ihren Nacken vor dem Kreuz. Sie ließen sich taufen und akzeptierten die neuen Herren. Nur der Pueblo Acoma leistete Widerstand. Onate brach ihn brutal, blutig und rücksichtslos.

Die Dene hielten sich abseits und außerhalb der Reichweite der Spanier. Onate erfuhr wahrscheinlich nicht einmal etwas von ihrer Existenz. Doch die Späher der Dene hatten das schier Unglaubliche dieser Invasion mit eigenen Augen gesehen und in den Lagern von dem Geschehen berichtet.

*

Wenn die spanischen Militärs nicht auf den dominierenden, einseitigen, kriegstechnischen Vorteil der Reiterei verzichten wollten, mussten sie neben dem Verbot des Verkaufs von Feuerwaffen an die Indianer auch die Weitergabe von Pferden auf die Embargo-Liste setzen. Aber die Rinder- und Pferdezucht wurde von den Kolonisten nach der später so genannten »Open- Range«-Methode betrieben. Das heißt, es gab keine Zäune oder sonstigen Einfriedungen.

Ein *Vaquero* oder Cowboy musste sehr schnell und sehr beweglich sein, musste auch auf der flachen Prärie einen erhöhten Standpunkt einnehmen können, um sich zu orientieren und einen Überblick zu verschaffen. Er musste zwangsläufig seine Aufgaben vom Pferderücken aus erledigen. Die auf den Haziendas beschäftigten Vaqueros waren fast ausschließlich Indianer. Sie erzählten ihren Leuten von den sagenhaften Eigenschaften der »Göttlichen Riesenhunde« der Spanier.

Es passierte immer wieder, dass Tiere abwanderten, verloren gingen, dass sowohl Rinder wie auch Pferde verwilderten. Da sie ideale Lebensbedingungen und kaum natürliche Feinde vorfanden, vermehrten sie sich rasch und verbreiteten sich weiter. Der Grundstock zu den riesigen Herden der verwilderten »Longhorns« und »Mustangs« war gelegt. Die Indianer legten langsam die Scheu vor den fremdartigen Vierbeinern ab.

*

Die nach der Tätigkeit des Soldaten, nach der Eroberung beginnende »Arbeit im Weinberg des Herrn« der spanisch-katholischen Missionare trug nach anfänglichen Schwierigkeiten und entsprechendem Blutvergießen bei den sesshaften Pueblo Früchte. Es kam zu einer Art friedlicher Koexistenz, wenn auch in unterschiedlichen Klassenordnungen zwischen diesen sesshaften Ackerbauern und den Spaniern. Anders stand es mit den wilden, Athapaskisch sprechenden Nomadenstämmen, auch den Dene. Sie erwiesen sich als unzähmbar und brachten den Spaniern nur Nutzen, wenn sie eingefangen und als Sklaven verkauft wurden - sofern es denn überhaupt gelang, sie einzufangen.

Zu Beginn des 17. Jahrhunderts - um 1610 - entstand mit Santa Fé die Hauptstadt des spanischen Südwestens.

Erst 16 Jahre danach, im Jahre 1626 also, tauchten erstmals in einem Bericht des Frater Zarate-Salmeron jene mysteriösen Apache de Nabaho auf, die aber angeblich weit abseits im unzugänglichen Hinterland leben sollten.

Dann, im Jahre 1630, ist wiederum in einem Bericht des Frater Alonso von den Apache de Nabahu die Rede, diesmal aber schon von zwei Gruppen: Eine sei halb zivilisiert, und die andere - glücklicherweise weiter weg lebend - sei vollkommen wild. Jene entfernter lebenden Menschen kannten keinen Ackerbau, so berichtete der Frater, sondern sie existierten allein von der Jagd. Die Übrigen dagegen besäßen große Pflanzungen und seien geschickte Bauern.

Doch die jungen, unruhigen Söhne der friedfertigen Dene-Bauern hatten andere Ideen als ihre Väter: Sie schätzten die schweißtreibende Arbeit auf den Feldern gering, dafür die Jagd, den Krieg, das Abenteuer und den Handel um so höher ein. Sie stießen bis nach Kansas vor, wo sie mit den Pawnee in einen blutigen Konflikt gerieten. Wenn es nicht möglich oder nicht opportun war, Erfolg versprechend einen Gegner zu bekämpfen, zu rauben oder zu plündern, dann erprobten sie ihre Kraft, ihren Mut oder ihr Geschick an den scheuen, aber wehrhaften Wildtieren wie Grizzly- und Schwarzbär oder am kaum zu überlistenden Puma oder Berglöwen.

Ebenso spannend, aufregend und noch profitabler war das Einfangen von Sklaven. Auch in dieser Hinsicht taten sich die Apache de Nabahu bald unrühmlich hervor. Ein Bericht erwähnt, dass sie bis in das heutige Nebraska vordrangen und mit einer Reihe von Pawnee-Kindern zurückkehrten. Als sie diese den Spaniern zum Kauf anboten und diese ablehnten – so wird berichtet –, köpften die Barbaren in aller Seelenruhe eines ihrer unschuldigen Opfer nach dem anderen.

Sklavenhandel war durch einen Erlass der spanischen Krone schon 1532 verboten worden, doch es gab Ausnahmen (zum Beispiel durften gegnerische Gefangene als Sklaven behandelt werden). Darüber hinaus hätte die strikte Einhaltung des Dekrets die Existenz der spanischen Kolonien in beiden amerikanischen Kontinenten in Frage gestellt. Die Spanier brauchten Arbeiter für ihre Felder und Weiden, für ihre Silberminen, als Hausmädchen und Dienerinnen - und sie brauchten Nachschub für die Bordelle in Mexiko.

Weiße waren für all diese Tätigkeiten kaum vorhanden; die Kolonisten und Militärs gehörten der Oberschicht an. Eingeborene stellten sich diesen Aufgaben nicht freiwillig. Also musste Zwang ausgeübt werden, und dann ist es nur ein kleiner Schritt bis hin zur echten Sklaverei, auch wenn man hierfür andere Worte sucht und findet. Es existierte ein großer Markt für »Menschenmaterial«.

Die Indianer brauchten natürlich keinerlei moralische und verbale Rechtfertigung als Sklavenräuber oder -händler. Der Raub von Frauen, Kindern, manchmal auch von jungen Männern gehörte seit uralten Zeiten zu den gepflegten Traditionen.

Jeder kämpfte gegen jeden: Die Apachen gegen die Comanchen, die Dene gegen die Ute, die Comanchen gegen die Pueblo, alle gemeinsam gegen die Pawnee ... und machten gegenseitig Gefangene. Auf dem Markt von Taos trafen sich die einstigen Feinde zum »friedlichen« Handel.

Eine Geißel Gottes der Spanier: Die Apache de Nabahu

Die Spanier besaßen aus der Sicht der Apache de Nabahu noch viel größere, noch unwiderstehlicher lockende Schätze als die Pueblo-Indianer. Sie verfügten über ungeheure Reichtümer, wie sie einem Steinzeitnomaden noch nie unter die Augen gekommen waren und deshalb um so mehr in die Augen stachen. Da waren eiserne Töpfe und ebensolche Werkzeuge, stählerne Waffen, fürchterliche Feuerrohre. Die Fremdlinge verfügten über riesige Herden von Pferden, Rindern und Schafen, die man ohne die Anstrengungen und Beschwerlichkeiten der Jagd schlachten und verspeisen konnte. Den Indianern lief das Wasser im Munde zusammen. Sich in den Besitz solcher Herrlichkeiten zu bringen, das war ihnen jede Anstrengung, jeden Einsatz und jedes Risiko wert. Klar doch, man konnte mit den Bleichgesichtern handeln. Aber was hatte ein armer Nomade denn schon zu bieten? Ein paar Felle, etwas Trockenfleisch.

Die größten Reizobjekte – die »Riesenhunde« und die Feuerrohre – rückten die Bleichgesichter ohnehin auch gegen Bezahlung nicht heraus; da mochte man ihnen gar die eigene Tochter oder eine überzählige Frau als Sklavin offerieren.

Die wilden Rothäute waren zwar arm, aber alles andere als dumm und erst recht nicht ängstlich. Sie stahlen, wo sie nur konnten. »Landrones« – Diebe – nannten die Spanier bald die ungebärdigen Gesellen. Dass sie selbst eingefallen waren, die Eingeborenen beraubt und ausgeplündert und sie zu Vasallen gemacht hatten, das kam ihnen nicht in den Sinn. Die Arroganz der Macht der weißen Rasse manifestierte sich auch im Südwesten. Auf der anderen Seite ist nichts so böse, dass nicht auch etwas Gutes damit verbunden wäre: Die Einführung von Haustieren, von Schafen, Rindern, Ziegen, Pferden, von Getreide wie Weizen und Früchten wie Wassermelonen sollte nicht nur die Lebensbedingungen der Eingeborenen revolutionieren, sie sollte sie auch verbessern.

*

Sie wurden mit der Garotte erwürgt, ausgepeitscht und aufgehängt, nur weil sie ihre traditionellen Tänze zu Ehren ihrer Götter tanzten, weil sie diesen trotz des Verbotes weiter opferten.

Überheblichkeit, Arroganz und die teilweise harte Knute der Unterdrückung der Spanier führte zur unvermuteten Revolte der scheinbar harmlosen, friedliebenden, sanften Pueblo-Indianer. Es kam zu einer förmlichen Explosion, ausgelöst durch Bevormundung, Ausbeutung und Unterdrückung durch die Spanier.

Es war der erfolgreiche Pueblo-Aufstand von 1680, während dem die Indianer die Spanier aus der gesamten Rio-Grande-Region hinauswarfen. Die Apache de Nabahu nutzten die Gelegenheit, mit den Pueblo, den Opfern ihrer vorherigen Überfälle, gemeinsame Sache zu machen, um so viel Beute wie möglich einzuheimsen.

400 weiße Kolonisten und 21 Priester wurden erschlagen, berichten die Chroniken. Das Blatt hatte sich gewendet, und plötzlich fanden sich Spanier als Sklaven der »wilden Roten« wieder. Während zuvor auch die gefangenen Dene-Frauen ein rechtloses Sklavendasein führen – oder in den schmierigen Bordellen Mexikos für ihre Her-

ren und Gebieter blanke Pesos verdienen mussten –, sahen sich hochfahrend stolze spanische Doñas nun hilflos den wilden Kriegshäuptlingen der »brutalen Mordbrenner« zu deren Lust und Vergnügen ausgeliefert.

Obwohl der verzweifelte Ausbruch der überlebenden Spanier aus Santa Fé gelang und sogar mit einem überraschenden Sieg endete, mussten sie die Provinz Nuevo Mexico den Indianern überlassen.

Die Rothäute schlachteten die Rinderherden ab und setzten Tausende von Pferden frei. Wie ein Präriebrand verbreiteten sich die verwildernden Steppentiere über die weiten, grasigen Ebenen.

*

Die einstigen, vordem in spanischen Diensten stehenden Vaqueros zeigten ihren Rassegenossen, wie man mit Pferden umgeht, wie man sich diese Tiere dienstbar macht. Es schien, als hätten die Roten begierig auf diese Chance gewartet.

Vor der Pueblo-Revolution hatten die Dene noch ängstlich, staunend und doch gierig zu den »Göttlichen Riesenhunden« und voller Neid zu den hoch über der gemeinen Welt thronenden Reitern aufgeblickt. Jetzt schwangen sie sich ohne große Umstände auf die Rücken der »Riesenhunde«. Sie lernten rasch, deren grandiose Fähigkeiten mit einem nie zuvor gekannten Einfühlungsvermögen zu nutzen.

Sie verschmolzen förmlich mit ihren Reittieren zu neuen großen, starken, blitzschnellen Zentauren. In ihren Augen und Vorstellungen konnten sie jetzt im Flug von einem Ende der bekannten Welt zum anderen eilen. Ihre Reitkünste stellten bald die ihrer weißen Vorbilder weit in den Schatten.

Die neue Beweglichkeit ausnutzend, sind die Apache de Nabahu wahrscheinlich in östlicher Richtung bis in die Prärien vorgestoßen, um dort Büffel zu jagen. Der Büffel spielte in den späteren Zeremonien der Navajos die Rolle einer hoch gestellten und entsprechend verehrten Kreatur. Möglicherweise begleiteten die Apache de Nabahu ihre traditionellen Feinde, die Ute, mit denen sie hin und wieder aus opportunen Gründen Frieden geschlossen hatten.

Diese Jagdausflüge waren gleichzeitig auch Handelsunternehmungen: Inzwischen besaßen manche der Apache de Nabahu Schafe, und gegen Schafsfelle konnte man Büffeldecken und Trockenfleisch und andere Produkte der Präriebewohner eintauschen.

Die Spanier beschränkten sich in den letzten beiden Jahrzehnten des ausgehenden 17. Jahrhunderts im Wesentlichen auf Kriegszüge in den Südwesten, die eher den Charakter von Strafexpeditionen hatten. Immer wieder wurden sie dabei in Kämpfe mit den Horden der Apache de Nabahu verstrickt. Ihrem eigentlichen Ziel, der erneuten Unterwerfung der Pueblo und der Rückeroberung der verloren gegangenen Provinz, kamen sie - noch - nicht näher.

Doch wie üblich brachen die traditionellen Feindschaften der Eingeborenen untereinander wieder auf. Blutvergießen und Barbarei beherrschten die Szene. Das allgemeine Chaos war größer als je zuvor.

Inzwischen waren die Franzosen am Unterlauf des Mississippi aufgetaucht. Somit drohte die Gefahr, dass Spanien womöglich das gewaltige Territorium im Südwesten endgültig an die andere europäische Kontinental-Großmacht verlieren könnte.

Die Spanier verstärkten und intensivierten ihre Anstrengungen, und nach und nach eroberten sie unter de Vargas das verlorene Terrain wieder zurück. Sie nutzten die Uneinigkeit der Indianer. Ihnen zu Hilfe kam eine jahrelange Dürreperiode, die die Indianer erheblich schwächte und ihren Widerstandswillen lähmte. Die Trockenheit bedeutete in indianischen Augen nichts anderes, als dass ihre eigenen Götter ihr Verhalten nicht billigten – oder dass diese dem Christengott letztendlich unterlegen waren.

*

Es sprach sich herum, dass einzelne Apache de Nabahu als Berittene erfolgreichere Überfälle als je zuvor gegen die Nachbarstämme – wie die Pueblo-Indianer –, aber auch gegen die sich wieder etablierenden und expandierenden Spanier organisiert und sogar einzelne, nach Süden vorrückende Comanchen-Trupps drangsaliert hatten.

Mit Feuereifer widmeten sie sich der neuen Herausforderung des Pferdediebstahls. Pferde wurden zu ihrem prestigeträchtigen Besitztum. Es dauerte nur kurze Zeit, und ein Apache de Nabahu ohne Pferd war ebenso undenkbar wie später ein Amerikaner ohne Auto.

Jetzt waren sie noch beweglicher und noch weniger berechenbar. Aber im Gegensatz zu vielen Präriestämmen machten sie sich nie ganz von ihren Reittieren abhängig.

Aus leichtfüßigen, wenn auch armen und waffentechnisch hoffnungslos unterlegenen Steinzeitmenschen waren – als Einzelne von ihnen auch noch in den Besitz von Feuerwaffen kamen – entschlossene, militärisch ernst zu nehmende Trupps geworden, die schnell wie ein Steppenbrand die riesigen Entfernungen innerhalb des Südwestens überbrückten.

Als die Freibeuter mehr und mehr die Spanier zum Ziel ihrer Raubzüge machten, als sie sich dabei mit noch mehr Pferden, Vieh, Geräten und Lebensmitteln zu versorgen trachteten, folgten auf ihre rücksichtslosen Attacken ebenso brutale Gegenschläge. Die kriegerische Eskalation war unausweichlich.

*

Die Wiederbesetzung von Nueva Mexico durch die Spanier war 1697 abgeschlossen. Zu diesem Zeitpunkt hatten die Spanier die sesshaften Indianer, jedoch nicht die Yaqui, die Tarahumara (in Mexiko) und die Apachu de Nabahu unter ihre Kontrolle, besser: unter ihre Knute gebracht. Alle so genannten Kolonisationsversuche auch der übrigen »wilden« Nomaden waren entweder von den Apachu de Nabahu stark behindert oder gar vereitelt worden.

Inzwischen kamen die Rothäute auch legal an erprobte Reittiere heran, zum Beispiel auf dem Markt von Taos, wo sie Felle, Salz und Talg gegen Mais, eiserne Werkzeuge, Kochgeschirr, Türkise und andere Schmuckstücke eintauschten. Aber in erster Linie wollten sie Pferde, Pferde, Pferde und nochmals Pferde. Pferde waren wiederum die Voraussetzung für weitere Raubzüge.

*

Um das Jahr 1700 war der ganze Südwesten mehr oder weniger Kriegsgebiet mit ständig wechselnden Fronten, Gegnerschaften und Bündnissen. Noch immer unterschieden sich die freibeuterischen Apachen nicht von den freischweifenden Navajos.

Ihnen gemeinsam war und ist bis auf den heutigen Tag die grundsätzliche Weltsicht, ihre religiöse Orientierung, der mythologische Zyklus. Mit ihren Zeremonien versuchten sie, den weltlichen Gang der Dinge zu beeinflussen, die Kräfte des Bösen abzuwehren, Krankheiten zu kurieren.

Navajo- und Apachen-Gesellschaften waren und sind matrilinear ausgerichtet. Sie haben für die jungen Mädchen detailliert ausgearbeitete Pubertätszeremonien entwickelt, die von einem Schamanen oder Medizinmann, »dem Sänger«, beaufsichtigt und geleitet werden.

Sie hatten immer noch keine klar definierten Stammesorganisationen oder -grenzen, noch erkannten sie Häuptlinge an. Lediglich einzelne Clans hatten Anführer, die sich Ansehen und Einfluss verschafft, die Reichtum angesammelt, die sich vor allem in den kriegerischen Auseinandersetzungen hervorgetan hatten. Ihnen schlossen sich für bestimmte und begrenzte Unternehmungen die Krieger anderer Clans an, ohne sich aber zu ihrer ständigen, unverbrüchlichen Gefolgschaft zu bekennen.

Die Kriegsvorbereitungen waren ohne gewisse Rituale nicht denkbar. Der »Enemy Way« - der »Weg zum Feind« - sollte in erster Linie den jungen Krieger unverwundbar machen. Dafür musste ein Medizinmann herangezogen werden. Nach Möglichkeit kampierten der Nachwuchskrieger und Schamane gemeinsam im feindlichen Territorium.

Manchmal führte der Medizinmann auch eine Gruppe von jungen Männern an, damit sie diese Art von Feuertaufe bestanden. Die Alten wussten natürlich, dass der Glaube an die eigene Unverwundbarkeit eine Schattenseite hat, dass er zu großem Draufgängertum verführte, und sie sagten vorsichtig, weil sie sich an ihre eigene ungestüme Jugend erinnerten: »Es sind manche Unglücklichen darunter, die ihre Gedanken nicht unter Kontrolle haben.«

Sie versuchten, mitunter den Jungen ihre Absichten auszureden, denn sie wussten nur zu gut, dass auf jede erfolgreiche Aktion ein Rachefeldzug folgte, unter dem vor allem die Unbeteiligten zu leiden hatten. Doch meist war der Versuch, den Deckel auf dem Topf zu halten, erfolglos. Die Jungen wollten den Kampf, das Prestige; sie wollten Beute machen, damit sie den Preis für ihre Bräute bezahlen konnten.

Vor dem eigentlichen Kriegszug saßen die jungen Männer tagelang im Schwitzbad, murmelten Gebete, sangen, reinigten Körper und Seele. Dann zogen sie die »Brustpanzer« über, Hemden, die auf Brust und Rücken durch drei, vier Lagen Hirschleder verstärkt waren. Diese Rüstung war nur den Dene bekannt und wurde nur von ihnen benutzt. Sie tauchten die Pfeilspitzen in eine magische Tinktur, angerührt mit Wasser und der Holzkohle eines vom Blitz getroffenen Baumes. Zusätzlich zu Pfeil und Bogen nahmen sie Keulen mit und benutzten zum weiteren Schutz Schilde, geschmückt mit Adlerfedern.

Einer ihrer beschwörenden Gesänge lautete etwa wie folgt:

Ich bin ein großer schwarzer Bär,
meine Mokassins sind aus schwarzem Obsidian,
meine Leggings sind schwarzer Obsidian,
mein Hemd ist schwarzer Obsidian.

Ich bin gegürtet mit einer grauen Pfeilschlange,
schwarze Schlangen züngeln von meinem Kopf,
unter jedem meiner Schritte zucken Blitze,
schwarzer Obsidian und helle Blitze streben in
vier Himmelsrichtungen,
wenn sie auf die Erde niederfahren, fürchten sich
alle Wesen,
sie lenken die Geschosse von mir weg.

Ich fürchte mich vor einem langen Leben,
dem Alter.

Ich bin bereit.

Zum Schluss bestäubten sie sich mit Pollen oder Blütenstaub, um sich unsichtbar zu machen. Bei alledem gab es strenge Vorschriften hinsichtlich dessen, was sie essen durften, welche Position sie beim Schlafen einzunehmen hatten und welche Worte sie aussprechen durften und welche nicht. Wenn ein Coyote ihren Weg kreuzte, bedeutete das Unglück, und sie kehrten um. In ihren Augen stellte sich der Erfolg viel eher aufgrund der eigenen Magie und des Wohlwollens der Geister und Götter ein als durch Training, Geschick und Mut.

Unmittelbar vor dem Angriff bemalten sie ihre Körper mit den Symbolen von Bärentatzen, von Blitzen und Schlangen. Ihre Taktik basierte wie die fast aller Indianer auf dem Überraschungseffekt. Fast immer griffen sie im ersten Morgengrauen an, töteten die Männer und griffen sich die Frauen, um sie als Beute wegzuschleppen. Bis sich die Überfallenen – häufiger als alle anderen waren es die Dörfer der Zuni und der Hopi – zur gemeinsamen Gegenwehr organisiert hatten, waren die Navajos meist schon wieder verschwunden.

Den größten Thrill versprach natürlich ein Überfall auf die Ranches der Weißen. Deren Gegenwehr war entschiedener, ihre Feuerwaffen effektiver, das Risiko für die Angreifer höher. Im Gegenzug war aber mehr und wertvollere Beute zu machen, die eigenen Aktionen waren prestigeträchtiger, und bei Erfolg konnte man für die Gefangenen oft beträchtliches Lösegeld einfordern. Die Apache de Nabahu ritten bis tief in das heutige Mexiko hinein. Sie plünderten, brandschatzten, mordeten, entführten. Die »Wilden aus den Bergen« verbreiteten Angst und Schrecken vor allem unter den Hirten. Aber wenn sie Schafe raubten, dann ließen sie immer ein paar Muttertiere zurück - »damit die Mexikaner wieder Schafe züchteten, die wir dann nochmals rauben konnten«.

*

Das Geschäft mit den Sklaven wurde immer lukrativer: Zielscheibe dieser Raids wurden nach den Pawnee und den Pueblo inzwischen auch die harm- und fast wehrlosen Paiute in den Wüstengebieten des heutigen Nevada. Diese armen Teufel wurden meist im Frühjahr gejagt, dann waren sie durch die unfreiwilligen Hungerkuren des Winters geschwächt und kaum in der Lage, Widerstand zu leisten. Das hatte allerdings den Nachteil, dass man sie regelrecht aufpäppeln musste, bevor ihre zuvor ausgemergelten Gestalten auf dem Markt von Taos etwas brachten.

Meist war es ein Tauschgeschäft: Pferde wurden gegen Menschen gehandelt. Doch hin und wieder konnte man auch im eigenen Lager den einen oder anderen Sklaven oder Sklavin Gewinn bringend losschlagen: Manche der älteren Apache de Nabahu waren inzwischen so »reich« geworden, dass sie sich Diener und Dienerinnen leisten konnten. Diese Hilfskräfte brachten frisches Blut und manche neuen Kenntnisse - wie die Weberei - mit; sie kümmerten sich um die Schafe und den Haushalt.

*

Die Dominanz der Apachu de Nabahu sollte nicht lange dauern. Ab 1705 tauchten die Comanchen in größeren

Zahlen auf dem traditionellen Handelsmarkt von Taos in Neu-Mexiko auf. Sie überwanden rasch Scheu und Angst vor den fremdartigen Menschen und Eindrücken. Auch sie lernten schnell, sich beim Reiten oben zu halten und bald wie der Wind über die weite Prärie zu fliegen. Auch sie nutzten das unvermutete Geschenk der Götter. Sie gelangten im Umgang mit den »Göttlichen Hunden« zu einer bis dahin und auch später nicht mehr erreichten Perfektion und schoben der Expansion der Apache de Nabahu nach Osten in Richtung der Bison-Fleischtöpfe der Prärien einen eisernen Riegel vor.

Innerhalb von wenigen Jahrzehnten mauserten sich die Comanchen zur gefürchteten und dominierenden Nation der südlichen Prärien. Damit wurden sie zu den gefährlichsten Antagonisten der Spanier. Die kurze Epoche der Stabilität im Südwesten neigte sich ihrem Ende zu. Davon profitierten auch die Apache de Nabahu.

*

Der wesentliche Grund für die Trennung zwischen Navajos und Apachen war das Auftauchen der Weißen im Südwesten, sollten die Spanier und die mit ihrer Invasion verbundenen Umwälzungen sein. Wahrscheinlich hätten wir es heute immer noch mit einem einzigen Volk der Tineh oder Dene zu tun, hätten sich die Weißen aus dem Südwesten herausgehalten. Erst die Spanier brachten die Voraussetzungen mit, die die spätere Hirtenkultur der Navajos begründete: Pferde, Ziegen, Schafe. Andererseits verfügten ebendiese Spanier über jene Güter, die die räuberischen Apachen zu immer neuen Überfällen aufstachelten. Die Trennung war demnach kein klarer Schnitt, sondern er war zerfranst und überlappte sich und ist am ehesten so zu erklären: Aus dem Teil des Volkes der Dene, das in erster Linie das Nomadentum, die Jagd und den Raub als seine Existenzgrundlage ansah, wurden die Apachen; aus dem anderen Teil, bei dem eher die Viehzucht und der beginnende Ackerbau die größere Rolle spielten, wurden die Navajos.

Das bedeutete keinesfalls, dass in Zukunft die Navajos alle brave Feldarbeiter und die Apachen alle böse Räuber gewesen wären. Die Unterteilung bezog sich lediglich auf die vorherrschenden Charakterzüge. Allgemein verbindlich war sie nicht.

Zur Erinnerung: *Nabahu, Navajo* oder *Navaho* bedeutet in der Sprache der Tewa »Bepflanzte Äcker«, *Apache* dagegen »Fremder, Barbar, Feind«. Damit waren die beiden Dene-Völker nicht nur von ihrer Existenzform und Wesensart, sondern auch sprachlich voneinander getrennt. Ferner ist zu beachten: Aus Nabahu wurde Navaho. Das »J« wird im Spanischen wie »H« ausgesprochen; also spielt es keine Rolle, ob man Navajo oder Navaho schreibt.

Inzwischen unterschieden auch die Spanier in ihren regelmäßigen Berichten in das Mutterland zwischen Apache und Nabahu – sprich Navajo. Doch man kann davon ausgehen, dass die beiden Gruppen von Ausstehenden immer noch miteinander verwechselt beziehungsweise durcheinander geworfen wurden. Als Identifikation galten den Weißen in erster Linie die »Tätigkeitsmerkmale«: Ein harmloser, Vieh züchtender Apache galt als Nabahu, ein räuberischer Navajo als Apache. Da aber viele Vieh züchtenden Navajos sich im »Nebenberuf« als äußerst effektive Räuber erwiesen, war Nabahu oder Navajo unter der übrigen Bevölkerung noch lange kein Synonym für Friedfertigkeit.

Die Gesamtzahl der Navajos belief sich in den Berichten der Spanier angeblich auf nicht weniger als 30 000 Seelen - eine Zahl, die sicherlich um das Fünf- oder gar Zehnfache zu hoch gegriffen ist.

Ob es mit dem Ackerbau der Navajos zu jenem Zeitpunkt wirklich so weit her war, ist mehr als fraglich. In den Rapporten der Spanier steht, dass in den von den Navajos beherrschten Bergen bedeutsame Vorkommen an Feuersteinen existierten, dass diese aber von mit Pfeil und Bogen bewaffneten Kriegern eifersüchtig bewacht würden. Niemand würde an das für Steinzeitmenschen eminent wichtige Material herankommen. Deshalb müssten die christlichen Pueblo jeweils abwarten, bis die Nabahu zu ihren gemeinsamen, großen Jagden aufgebrochen waren, um sich der Feuersteine zu bemächtigen.

Diesen Diebstahl würden aber die Nabahu nicht ungestraft hinnehmen. Sie würden sich zusammenrotten und ihrerscits die Dörfer der Pueblo überfallen. Aber auch die mit ihnen verwandten Apachen und sogar die Spanier würden sie mit Pfeil und Bogen bekämpfen. Sie selbst seien kaum zu besiegen, weil sie angeblich in unzugänglichen unterirdischen Klüften und Schründen hausten. So weit die spanischen Berichterstatter.

*

Der neue Gouverneur de Vargas betrieb eine Einschüchterungspolitik und schwor, jeden Indianer in die Sklaverei nach Westindien zu verkaufen, der die Hand zum Widerstand hob. 600 Pueblo traf das harte Schicksal. Sie verkümmerten, starben in der Fremde.

Die Navajos zogen sich ins Hinterland zurück, die Apachen in ihre unzugängliche Bergwelt. Dort konnten die

Spanier sie nicht einmal aufstöbern, geschweige denn ihnen etwas anhaben.

Viele Pueblo suchten in jenen Jahren Zuflucht und Unterschlupf bei den Navajos. Es war nicht nur eine Blutauffrischung, es war auch eine Vermittlung von überlebenswichtigen Kenntnissen und Erfahrungen. Der Exodus der Pueblo mag entscheidende Weichen gestellt haben in der künftigen und relativ rasanten Entwicklung eines Jägervolkes zu Viehzüchtern und – wenn auch im beschränkteren Masse – zu Ackerbauern.

In den Überlieferungen der Navajos wird berichtet: »Die Jemez-Pueblo schickten uns ihre unverheirateten Frauen. Sie sagten ihnen: ›Sucht euch Männer unter den Navajos aus. Wenn unser Pueblo zerstört wird, dann wird wenigstens das Jemez-Blut erhalten bleiben.‹«

*

Der Sklavenhandel mit amerikanischen Eingeborenen war zwar immer noch von den spanischen Behörden prinzipiell untersagt, soweit es sich nicht um bei »unprovozierten Übergriffen der Wilden« erbeutete Gefangene handelte. Zu diesem Punkt entzündeten sich heftige Kontroversen: Von humanitärer Seite bestand zu befürchten, dass bei der Durchsetzung des Verbots des Sklavenhandels die »wilden Völker« – die Navajos, Apachen, Comanchen und Ute – sich nicht mehr damit aufhalten würden, bei ihren Gegnern überhaupt noch Gefangene zu machen, sondern diese gleich zu massakrieren.

Die Kirche war darauf aus, wenigstens die Seelen der betroffenen »armen Heiden« zu retten. Andererseits erwies sich der Sklavenhandel für alle Beteiligten – natürlich bis auf die armen Betroffenen – als so ertragreich und für die Spanier als Nachschub von billigen Arbeitskräften für die Silberminen so unerlässlich, dass er weiter florierte. Der lukrative Menschenraub blieb eine wichtige und verlockende Motivation für blutige Raub- und Kriegszüge.

Fray Serrano beschreibt einen anderen Gesichtspunkt des Sklavenhandels: »Es stimmt durchaus, dass diese Barbaren eine erkleckliche Anzahl junger Frauen und Mädchen zum Verkauf bringen. Bevor sie diese an kaufwillige Christen ausliefern, deflorieren sie die armen Geschöpfe gemeinsam mit den Katholiken. Sie haben dabei nichts als ihre ungezügelte Lust und brutale Schamlosigkeit im Sinn, und sie erklären den Käufern in ihrer heidnischen, herausfordernden Art: ›Jetzt könnt ihr sie haben, jetzt ist sie als Frau in Ordnung.‹«

Ein gesunder, junger Sklave oder ein hübsches Mädchen erzielte den damals horrenden Preis von 40 Pesos. Das entsprach mehreren Monatslöhnen eines Arbeiters. Also fragte man nicht lange nach den Umständen, die die menschliche Ware den Händlern in die Hände gespielt hatten.

Gute Zucht- und edle Reittiere brachten ebenfalls ihren Preis. Viele der Indianer des Südwestens waren inzwischen zu Züchtern geworden. Auch wenn de jure immer noch das Verbot der Spanier Gültigkeit besaß, den Indianern Pferde zu verkaufen, hielt sich längst niemand mehr daran. Einen Erlass herauszugeben, ist eine Sache, ihn auch durchzusetzen, eine andere. Den Spaniern fehlten dazu Konsequenz, Organisation und Mittel. Sklave gegen ein gutes Pferd, das war nach wie vor die barbarische Tauschwährung jener Tage.

*

In dieser Epoche boten nur noch die Adobe-Mauern von Santa Fé brüchige Sicherheit; lediglich mit den sesshaften, zum Teil missionierten Pueblo-Indianern lebten die Spanier, wenn auch nicht in bestem, so doch in erträglichem Miteinander. Viele *Campesinos* und auch Soldaten hatten indianische Frauen geheiratet. Warum war diese Form der friedlichen Koexistenz, so fragten die Spanier sich, nur mit den Sesshaften, aber nicht mit den Nomaden, den Navajos, den Apachen, den Comanchen oder Ute möglich?

Bei einer Anzahl von Navajos waren immerhin schon Ansätze von Sesshaftigkeit sichtbar. Manche dieser einst ebenfalls »unzähmbaren« Sammler und Jäger waren auf dem besten Wege, Viehzüchter und Ackerbauern zu werden. Man hegte sogar die Hoffnung, sie zum Christentum zu »bekehren«, damit zu befrieden und in absehbarer Zukunft zu nützlichen, wenn auch untergeordneten Partnern der Spanier zu machen.

Doch hinsichtlich der Apachen und der Comanchen und der übergroßen Mehrzahl der Navajos ließen sich nicht die geringsten Erfolge vermelden. Die Franziskaner und Jesuiten sahen den tieferen Grund ihrer unzähmbaren, nicht fassbaren »Wildheit« im unbeirrbaren Festhalten am »Heidentum«, an dem aus ihrem Blickwinkel üblen Einfluss der »caciques demoniados«, der teuflischen Medizinmänner. Aber wie sollte man denen beikommen, angesichts der nicht immer christlich zu nennenden Attitüde, wie sie die mit der Missionierung beauftragten Franziskaner-Mönche an den Tag legten?

Hier lag eine ganze Menge im Argen. Die braven Brüder verstanden den Bibelspruch »Im Schweiße deines Angesichts sollst du dein Brot essen!« in erster Linie als Vorgabe für die »Bekehrten«, doch keineswegs für sich selbst. Die Bekehrten sollten erst einmal liebevoll und in stetiger Sorge als Abhängige und Diener das Wohlergehen der Herren Franziskaner sichern. Wenn die Kuttenträger überhaupt selbst Hand anlegten, dann hatten sie sich zuvor die besten Äcker und Weiden angeeignet, die bei geringstem Aufwand den höchsten Ertrag abwarfen.

Zusätzlich verlangten sie für die geistlichen Ordinationen wie Taufe, Begräbnis oder Hochzeit, selbst für das einfache Lesen einer Messe Geld. Sie verlangten sogar unverhältnismäßig viel Geld. Den armen Campesinos und Rancheros blieb quasi nur die Wahl zwischen Galgen und Garotte: Entweder verzichteten sie auf geistlichen Beistand und lebten darauf innerhalb der Gemeinde als Geächtete – oder sie nahmen den Bankrott in Kauf. Vollständig dem Ruin ausgeliefert, fanden sich sowohl Siedler wie auch bekehrte Eingeborenenfamilien, über die normalerweise freudige Ereignisse wie Taufen und Hochzeiten gebündelt hereinbrachen oder wenn der unerbittliche Schnitter Tod ebenfalls von den geistlichen Herren zum Anlass genommen wurde, die Hinterbliebenen zu schröpfen.

Das geistliche System hatte insgesamt sehr weltliche Züge angenommen, wie Frater Francisco Atanasio Dominguez bei einer Inspektions- und Revisionsreise feststellen musste. In seinem Bericht brandmarkt er nicht nur das oben beschriebene unchristliche Verhalten seiner Brüder im Herrn, sondern er führt auch weitere Gründe auf, die nach seiner Ansicht einer Ausbreitung des all selig machenden Katholizismus nicht eben förderlich waren. Fra Dominguez schreibt:

»Viele der Fratres trauen sich nicht aus ihren Klostermauern heraus. Nicht jeder Bruder hat den Mut zum Märtyrer. Es fehlt für ihre Bekehrungstätigkeit jegliche Militäreskorte, um entfernt lebende Heiden dem heiligen Glauben zuzuführen. Ganz allgemein herrscht große Armut. In einer Mission musste ordenseigenes Land verkauft werden, um die Mittel für die Reparatur des Kirchendaches aufzutreiben. Tauf- und Ehestandsbücher werden vielerorts nur nachlässig oder überhaupt nicht geführt. In anderen waren Seiten herausgerissen, um zerbrochene Fensterscheiben abzudichten. Die weitere Unterweisung der Bekehrten wird oft vernachlässigt, dafür werden ihnen weltliche Güter abgepresst, die sich die Padres nutzbar machen. Einige Fratres haben skandalöse Verhältnisse mit Frauen, die nicht nur in schlechtem Ruf stehen, sondern tatsächlich notorische Sünderinnen sind.«

Wen wundert es, dass Apachen, Comanchen, Ute und Navajos lieber frische, fröhliche und freie Heiden blieben, als auf dem steinig-dornigen und dazu noch ausbeuterischen Pfad des Christentums zu wandeln?!

Die Archäologen fanden aus der Zeit zwischen 1700 und 1775 stammende Hunderte von Haustypen der Navajos – sechs- und achteckige Hogans, aber auch runde, durch Stützbalken verstärkte, konische Erdbauten, deren Türen jeweils der aufgehenden Sonne zugewandt sind. Ihre Form geht zurück auf die schnell errichteten »Wickiups«, halbkugelförmige Reisig- und Laubhütten, in denen die Nomaden Unterschlupf fanden. Sie standen oft neben und zwischen den Lehm- und Ziegelbauten der Pueblo, den *Pueblitos*. Es gab aber auch Hybridbauten, runde Steinmauern mit konischen Dächern. Die Navajos hatten offenbar gelernt, Steine als Baumaterial zu nutzen. Oder waren ihnen Pueblo-Steinmetze zur Hand gegangen? In einem waldarmen Gebiet ist das Baumaterial Stein von wesentlicher Bedeutung.

Ein anderes von den Pueblo den Navajos vermitteltes handwerkliches Lehrstück war die Webkunst. Doch das war nicht so einfach: Die Weber der Pueblo waren Männer, die der Navajos Frauen. Stolz, Etikette und Eifersucht verboten den Navajos, dass ihre Frauen von Pueblo-Männern in dieser schwierigen Kunst angeleitet wurden – es sei denn, sie waren mit ihnen verheiratet. Dann konnte der Mann die Frau anlernen, die Mutter ihre Tochter, die Tante ihre Nichte. Anfangs sträubten sich die Männer, das neue, leichte Material als Bekleidung anzunehmen. Sie gingen weiter in Hirschleder gewandet oder einfach nackt.

Aber bei den Frauen setzte sich rasch die Mode der Pueblo durch: Eine um den Körper gelegte, über der linken Schulter mit einer Spange zusammengehaltene dunkle Decke, wobei der rechte Arm frei blieb. Eine um die Taille geschlungene, vielfarbige Schärpe gab der Tracht ein schlichtes, aber höchst adrettes Aussehen. Als Alternative existierte ein ponchoartiges, aus zwei kleineren Decken gefertigtes, an den Seiten von Spangen zusammengehaltenes Kleid, das über Brust und Rücken herabfiel. Jedenfalls berichteten die Spanier, die mit den Navajos in Kontakt kamen, dass diese »Heiden« dieselben Kleider wie die christlichen Indianer trugen.

Die Bekleidung war ein weiteres Zeichen dafür, dass sich beide Völker mischten, merkwürdigerweise aber ihre jeweilige Identität beibehielten.

Die reichen Navajos hatten jetzt mehrere Frauen. Die Hauptfrau widmete sich der inzwischen von den Pueblo übernommenen Weberei. Eine neue Einnahmequelle erhöhte den Reichtum, an dem auch die Frauen partizipierten.

*

Allmählich und gemächlich entwickelten sich die unterschiedlichen Eigenheiten und spezifischen Charakteristika der Navajo-Clans und der Apache-Stämme. Immer noch waren es nicht so sehr die verschiedenen Lebensräume in dem riesigen Gebiet, in dem sie umherzogen, die sie unterschieden, sondern viel eher die individuelle Prägung und die starken Persönlichkeiten, deren Beispiel ihre Anhänger folgten. Vor allem aber war es der Einfluss der geraubten oder gekauften, der freiwillig gekommenen und dann in die Gemeinschaft integrierten Pueblo-Frauen. Sie sorgten dafür, dass manche der Nomaden sesshaft wurden, dass sie feste Behausungen, die Hogans, errichteten, dass sie Mais, Bohnen und Squash anbauten, dass sie sich ein paar Ziegen hielten und vor allem Schafe, das anspruchslose *Churro* des spanischen Hochlandes. Später kamen dann Rinder und Pferde hinzu. In diesen Frauen sind wahrscheinlich zum kleineren Teil die biologischen, zum größeren jedoch die sozio-ökonomischen Stammmütter der Navajos zu suchen. Sie waren es, die das Fundament zu dem heutigen Platz an der Spitze aller Indianervölker Nordamerikas legten.

Merkwürdigerweise erkannten die Navajos den oft unfreiwilligen Beitrag der Pueblo-Frauen wie auch die meist unfreiwilligen Geschenke der Spanier keineswegs als solche an. In ihren Augen waren Webkunst, Ackerbau, Ziegen, Schafe, Rinder, Pferde großzügige Gaben, die direkt von den Göttern kamen.

In ihren Augen verfügten die Götter seit Anbeginn der Zeiten über diese Lebewesen. Der Sonnengott besaß eine Herde Schafe mit Tieren in vier verschiedenen Farben. Schwarz, weiß, gefleckt, rot. Er verschenkte sie an seine Zwillingssöhne. Die Sternbilder des Himmels legten die Götter erst als Muster auf einem Schaffell aus.

Sonne und Mond waren übernatürliche, unsterbliche Wesen. Sie saßen auf Pferden und ritten über das Himmelsgewölbe. Eine von vielen Geschichten, wie die Pferde in den Besitz der Götter kamen, berichtet von dem »Monster Slayer«, dem Riesentöter, dem älteren der Götterbrüder. Dieser Kriegsgott besuchte die fernen Jagdgründe und fragte, welche Geschenke die dort lebenden Wesen für ihn bereithielten.

Die in den fernen Jagdgründen lebenden Wesen boten ihm Felle und Decken an, dann Edelsteine und Perlen, doch der Riesentöter lehnte ab. Endlich traf der Kriegsgott auf den Phantomriesen, und dieser lud ihn ein in sein Haus, dessen Türen in alle vier Himmelsrichtungen gingen. Als er durch die östliche Tür sah, erblickte der Besucher eine endlose Weide mit schnaubenden, wunderschönen Schimmeln, geboren aus schneeweißen Muscheln. Durch die südliche Tür sah er Pferde, die aus Türkis geformt schienen, durch die nördliche Tür Rappen aus schwarzem, glänzendem Jett, durch die westliche Tür Tiere im vielfältig irisierenden Farbspiel des Inneren der Abalonenmuschel.

Der Kriegsgott ließ sich mit den verschiedenen Farben beschenken, und als er auf die Erde zurückkehrte, die inzwischen von Menschen bewohnt war, schuf er daraus lebendige Pferde, die er seinerseits den Menschen schenkte.

Ein Gedicht gibt etwas von der Bedeutung der Pferde für die Navajos wieder:

Der Türkishengst bäumt sich auf unter mir,
der Türkishengst ist sichtbar von Anbeginn,
Blitze sprühen von dem Türkishengst,
erschreckt blicken alle auf den Türkishengst.

Er steht auf der obersten Biegung des Regenbogens,
der Sonnenstrahl in seinem Maul ist sein Zaumzeug,
er umkreist alle Menschen der Erde
und alle ihre Götter,
aber heute ist er mir zugetan,
mit ihm werde ich siegen.

Die Trennung von Navajos und Apachen kann man auch am Gegensatz von Tradition und Fortschritt festmachen: Die Traditionalisten - die Apachen - führten das Leben ihrer Ahnen weiter. Für sie waren Jagd, Raub und Krieg die wichtigsten Komponenten. Die Fortschrittler - die Navajos - setzten auf Viehzucht und Ackerbau als Existenzgrundlagen, ohne auf gelegentliche Übergriffe auf fremde Güter und Menschenleben vorerst zu verzichten.

Also wurden die beiden Völker wenigstens halbwegs der Bedeutung ihres Tewa-Namens gerecht: Zumindest ein Teil der Navajos war zu »Bebauern der Felder« geworden. Die Apachen - die »Barbaren« oder »Feinde« - lebten und agierten in der Mehrzahl als Freibeuter, Räuber und Totschläger reinsten Wassers.

Beide Völker blieben weiterhin im Wesentlichen von den Spaniern unabhängig, ungebändigt, beschritten nach Lust, Laune und Notwendigkeit den Kriegspfad, organisierten immer wieder neue Überfälle, waren einfach nicht zu fassen.

*

Die Apachen respektierten keineswegs das Leben, die Herden, den Besitz der Navajos. Die beiden Brudervölker bekämpften sich mitunter bis aufs Messer, während einzelne Gruppen immer wieder Allianzen eingingen und gemeinsame Raubzüge unternahmen. Für die

Außenstehenden und Betroffenen war es nur schwer oder überhaupt unmöglich, die Übeltäter als Apachen oder Navajos zu identifizieren. In vielen Fällen mag es sich um gemischte Gruppen gehandelt haben. Einem Navajo-Räuber stand ein Apachen-Räuber wesentlich näher als ein Viehzüchter des eigenen Volkes.

Um das Jahr 1735 waren die Apachen und ein Teil der Navajos nach allen Seiten hin in einen Guerilla-Krieg verwickelt – mit den Vieh züchtenden Angehörigen des eigenen Volkes im Westen, mit den Spaniern im Süden, mit den Ute, den Comanchen und Kiowa im Norden und Osten.

Nach spanischen Quellen töteten die Navajos und Apachen in den wenigen Jahren zwischen 1748 und 1750 in Nuevo Mexico 4 000 Menschen, darunter 140 weiße Siedler. 7 000 Pferde und Maultiere wurden weggetrieben, Güter im Werte von zwölf Millionen Pesos zerstört.

Die roten Desperados nutzten geschickt unzugängliche und leicht zu verteidigende Bergregionen als Basen für ihre Raubzüge und für die auch für sie notwendigen Regenerationsphasen.

Trotzdem konnten sie sich nicht als Sieger fühlen. Selbst wenn sie nur ein Zehntel der vorgenannten Zahlen als eigene Verluste abbuchen mussten, waren und blieben sie einfach zu wenige, und jeder einzelne Mann, jede Frau, jedes Kind, die umkamen, wog schwer.

Im Jahr 1749 kam es in San Antonio zu Verhandlungen, die das Blutvergießen beenden sollten. Aber sie nutzten nur in Teilbereichen, weil die einstigen Dene zu keiner Zeit eine wie auch immer geartete Einheit bildeten. Allenfalls Bruchteile des Volkes ordneten sich einem politisch-militärischen Führer unter. Sein Einfluss war immer auf eine relativ kleine Stammesgruppierung begrenzt. Winnetou, der Häuptling aller Apachen, ist hübsche, leider absolut unrealistische Fiktion.

Alle Versuche, die Navajos oder die Apachen zu unterwerfen, sie auszurotten oder sie auch nur zu befrieden, schlugen fehl. Auch alle Bestrebungen, ihnen das Christentum aufzuoktroyieren und sie auf diese Art und Weise unter Kontrolle zu bringen, scheiterten kläglich.

Der militante Teil der Navajos und Apachen saß in ärmlich ausgestatteten, aber sicheren Bergbastionen. Da ihnen der Zugang zu den (Büffel-) Fleischtöpfen der Prärien durch die Comanchen und Ute verwehrt war, sahen sie sich weiterhin gezwungen, sich anderswo schadlos zu halten. Sie entwickelten ein tödliches Geschick in der Technik der überraschenden, handstreichartigen Überfälle auf die Ranches und Siedlungen der Umgebung. Sie tauchten scheinbar aus dem Nichts auf, machten die Verteidiger nieder, plünderten, sengten, brannten nieder und zogen sich beutebeladen in die Sicherheit ihrer Berge zurück.

Vom Jäger und Sammler zum Hirten und Viehzüchter

Gegen 1770 war die Emanzipation der Navajos von den Apachen und Pueblo so weit abgeschlossen, dass man sie jeweils als vollkommen eigenständige Völker mit voneinander getrennten Lebensräumen betrachtete. Die Navajos hatten sich vermehrt – die spanischen Quellen berichten von 3 000 oder 4 000 Menschen – und waren nicht zu einem anderen Pueblo-Volk geworden. Sie hatten sich von den Apachen abgesondert, die ihren eigenen, destruktiven Weg gehen sollten, der in vielen Fällen in der (Selbst-) Zerstörung endete.

Doch eine geschlossene Einheit waren die Navajos nicht und sollten sie auch nie werden. Die Gruppe, die sich am ehesten der Lebensform der Pueblo angenähert hatte, war gegen Mitte des 18. Jahrhunderts nach Süden gezogen. Es waren die »Alien« oder »Enemy Navajos« – die »Fremden« oder gar die »Feinde« des übrigen Volkes. Sie gingen allerdings nicht so weit, zu *Pueblitos* zu werden, wie ihre Nachbarn, die Sia und die Santa Ana, sondern sie hausten nach wie vor in Hogans, die sie nun aus Stein errichteten. Sie waren eher Ackerbauern als Viehzüchter. Sie hatten sich auch in dieser Hinsicht ihren Nachbarn genähert und waren ihrem Volk, das inzwischen im Wesentlichen zu Schafzüchtern geworden war, entfremdet.

Unter dem Namen *Navajos de Ceboleta* galten sie als Freunde der Weißen und dienten diesen häufig als Führer und Scouts.

Die Spanier richteten sogar eine Mission unter ihnen ein, doch so weit wollten diese »Abtrünnigen« so schnell nicht gehen. Sie weigerten sich, einen neuen, ihnen fremden Glauben anzunehmen.

*

Die Mehrzahl des Volkes der Navajos verspürte jedoch nach wie vor keine große Neigung, sesshaft zu werden. Für die Herden der Schafe, Ziegen und Pferde, für ihren einzigen Reichtum, mussten sie immer neue grasige Flecken suchen und finden, zwischen den hoch gelegenen Sommer- und den tiefer liegenden, geschützten Winterweiden pendeln. Es war allerdings noch ein langer Weg, bis sich ihre Herden vergrößert, bis die Mehrzahl der Jäger und Krieger zu Hirten geworden waren.

Hin und wieder bebauten sie kleine Felder mit Mais, Squash und Bohnen.

Im Unterschied zu den Pueblo, die ihr Vieh im Winter in der Nähe ihrer Wohnsiedlungen weiden ließen und im Sommer ein paar wenige Hirten abstellten, um es auf den höher gelegenen Weiden zu beaufsichtigen, zog die ganze Navajo-Familie mit ihren Herden umher. Dieser Besitz war zu kostbar, um ihn dem Zugriff der Coyoten, der Cougars, der zweibeinigen Diebe auszusetzen.

Da die Männer immer noch hin und wieder ihrer Jagdleidenschaft frönten oder auf Raubzug gingen und als unsichere Kantonisten galten, wurden die Schafe meist von den Frauen beaufsichtigt und gepflegt. Dementsprechend gehörten die Herden auch ihnen. Ferner sorgten die Frauen dafür, dass nicht nur die Wolle Verwendung fand, sondern nach dem Schlachten alle Teile, auch die Innereien, im Kochtopf landeten und verzehrt wurden.

Navajo-Frau

Wenn sich ein Paar trennte, nahmen die Frauen nicht nur ihre Kinder, sondern auch die Schafe mit. Die Männer mussten sich dann eine andere, eine besitzende Frau suchen oder auf einem Raubzug neuen Reichtum erwerben, der sie in den Augen irgendeiner Schönen wieder attraktiv machte. Navajo-Frauen waren wie die meisten Indianerinnen materialistisch eingestellt. Ein guter Versorger war für sie ein begehrter Partner. Die äußeren Vorzüge nahmen sie zwar gerne mit, doch diese waren nicht ausschlaggebend.

Die Pferde gehörten dagegen den Männern. Ein Navajo ohne Pferd war längst unvorstellbar. Aus den einstigen Fußgängern waren mittlerweile hervorragende, mit ihren Tieren förmlich verwachsene Reiter geworden.

Das Prestige und der persönliche Reichtum der Männer wurde bald nach der Anzahl der Pferde bemessen, die sie besaßen. Das führte ins Extreme. Es dauerte nicht lange und einzelne Navajos verfügten über 100 oder 200 Ponys.

Angesichts der Trockenheit und der beschränkten Weidemöglichkeiten im Südwesten leitete dieser Umstand ganz automatisch über zur Verknappung des Futters. Darunter litten die in vielen Fällen nützlicheren Ziegen, Schafe und später auch Rinder. Aber einsehen wollten die stolzen Reiter das nicht. Sie kauften vielmehr immer noch mehr Pferde dazu oder führten risikoreiche Raubzüge durch, zettelten lokale Kriege an, einzig in der Absicht, sich noch mehr Pferde anzueignen. Im Verein mit den Comanchen, Apachen und Ute hatten sie im Jahre 1775 die Herden der Spanier so weit »ausgedünnt«, dass diese eine Eildepesche nach Mexiko schickten mit der dringenden Bitte, unverzüglich 1500 Pferde zu schicken, weil man sich ohne diese Reittiere gegen die Über-

Taos

fälle der *Landrones,* der »Diebe«, nicht mehr zu helfen wusste.

Auf dem Markt in Taos wurde ein zugerittenes Pferd gegen 12 bis 15 Schaffelle gehandelt, zwei Packpferde gegen ein junges Sklavenmädchen getauscht. Ein Kind brachte ein Packpferd und eine kleine Zugabe.

Unter den herrschenden chaotischen Umständen war es nicht verwunderlich, dass immer mehr Pferde aus den Corrals entwichen, verwilderten, sich zu Herden zusammenschlossen und sich als *Mestenos* frei und ungebunden über die Prärien ausbreiteten. Aus *Mesteno* wurde Mustang, und damit hatte ein weiterer Mythos des einst freien und wilden Westens seinen Taufnamen erhalten.

Auch die Frauen und Hunde konnten tief durchatmen, nachdem die Pferde bei ihnen Einzug gehalten hatten. Die Rolle der Träger war ihnen zuvor bei den endlosen Wanderungen der Dene und späteren Navajos zugefallen. Jetzt konnten sie sich selbst tragen lassen, während ihre »Nahrung und Kleidung auf den Klauen«, die *Churros,* die Schafe, hinter ihnen her trotteten.

Langsam definierten sich die Grenzen des Navajo-Landes. Im Osten saßen die Pueblo, die sich zwar hin und wieder berauben, aber nicht beseitigen ließen.

Den Norden beherrschten die unberechenbaren Ute. Sie leisteten sich ihrerseits immer wieder Übergriffe und raubten Schafe, aber auch Frauen und Kinder der Navajos, um sie als Sklaven zu verkaufen. Doch die Ute waren nicht sonderlich zahlreich. Ihre Raubzüge waren zwar für die Betroffenen schmerzlich, doch die Substanz des Navajo-Volkes wurde durch sie nicht gefährdet.

Im Süden saßen die Apachen, die einstigen engen Verwandten, gegenüber denen man den Status einer Art von bewaffneter Neutralität aufrechterhielt.

Im Westen gab es äußerst karges, aber unbesiedeltes, freies Land. In ihm konnten sich die Navajos ungehindert ausbreiten. Es war das »Land zwischen den vier Bergen«, das schließlich die Navajos als ihr ureigenes Göttergeschenk betrachteten.

*

Die Heimat der Navajos und das spätere Reservat ist ein Land der mystischen Erhabenheit und der eindrucksvollen wie skurrilen Felsformationen, der Wüsten, Steppen, Mesas, Hochflächen, Berge. Es wird durchzogen von zwei Hügelketten, die in der Mythologie der Navajos zwei Menschenbilder sind – eine männlich, eine weiblich.

Die Weißen nennen sie Carrizo-, Lukachukai- und Chuska-Berge. Die weiblichen Hügel sind die Black Mountains (mit den Hopi-Mesas) der Pollen Range bis hinauf zum Navajo Mountain jenseits der Colorado-Grenze.

Die wenigen Pueblo-Indianer, die in diesem Bereich lebten, wurden teils nach bewährtem Muster absorbiert, teils - wie die Zuni - immer wieder angegriffen, aber nie vernichtet. Oder man respektierte ihr Territorium wie das der Hopi als Enklave.

Nach bewährtem Muster überfielen kleine Gruppen von Navajos einzelne Pueblo-Bewohner, töteten und skalpierten ein paar Männer, raubten Frauen und Kinder und tanzten danach den Sieges- oder Skalptanz und sangen: »Ein Feind, in einem Sturm von Pfeilen, in einem Hagelschauer von Steinen, in einem Wald von Kriegskeulen, fand sein Ende mit einem von Wunden übersäten blutigem Kopf.«

Die Zuni setzten sich natürlich zur Wehr, doch ihre Widersacher waren genauso wenig zu fassen wie der Wind über den Bergen, und ihre Vergeltungsaktionen waren selten von großem Erfolg gekrönt.

Anders gingen die Hopi vor: »Wenn die Navajos hungrig waren, dann kamen sie zu uns«, berichtete einer ihrer Geschichtenerzähler. »Wir nahmen sie freundlich auf, wir gaben ihnen zu essen, und wenn ihre Aufmerksamkeit nachgelassen hatte, dann warfen wir sie über die Kante der Mesa in den Abgrund. Doch danach organisierten die Navajos einen Rachefeldzug, und wir mussten uns nach Kräften verteidigen. Wenn sie ein paar von uns getötet hatten, dann gaben sich beide Seiten zufrieden, und wir schlossen einen Vertrag. Dieser Vertrag hatte Bestand, bis wieder ein Navajo in den Abgrund stürzte oder ein Hopi im Maisfeld den Tod fand.«

Es gab aber auch lange Friedenszeiten zwischen Zuni und Navajos und Navajos und Hopi. Viele Zuni sprachen Navajo, ebenso die Hopi. Zuni-Puppen trugen Navajo-Tracht, und Hopi-Clowns verkleideten sich als Navajos.

*

Der Südwesten der USA - das heutige Arizona, New Mexico, Texas, Kalifornien, Utah, Teile von Colorado und Oklahoma - gehörte in der ersten Hälfte des 19. Jahrhunderts politisch zu Mexiko, das sich 1824 die Unabhängigkeit von Spanien erkämpft hatte. Aber die Verbindung zum »Mutterland« war nicht eng. Es galt das Sprichwort: »Der Himmel ist hoch, und der Zar (sprich: Mexico City) ist weit weg.« Das von inneren Wirren, von Revolutionen geschüttelte und von korrupten Machthabern ausgepowerte Land besaß weder die organisatorischen noch die militärischen Mittel, das riesige, »Nuevo Mexico« genannte Territorium - es war um ein Mehrfaches größer als der heutige US-Bundesstaat New Mexico - zu behaupten.

In dieser Provinz hatte sich eine kolonialspanisch-indianische Kultur eigener Prägung entwickelt. Es waren blühende Städte und Missionen entstanden, Monterey und San Diego im heutigen Kalifornien, Tucson und San Xavier del Bac in Arizona, Santa Fé in New Mexico, El Paso und San Antonio in Texas. Von Ausnahmen abgesehen standen die Navajos dieser Kultur nicht nur ablehnend gegenüber, sie bedrohten sie und störten die weitere Entwicklung.

Ebenso wie die Navajo-Nation breiteten sich die spanischen Kolonisten vor allem im heutigen New Mexico aus. Aber im gleichen Masse, wie sie sich ausbreiteten und an

Prosperität gewannen, wurden sie auch zur Zielscheibe der Angriffe von Apachen, Utes und vor allem der Comanchen, die verheerende Raids veranstalteten.

Die Navajos indessen galten als friedfertig. Obwohl ein Spanier in einem Bericht lamentierte: »Auch mitten im Frieden begehen die Navajos kleine Räubereien. Sie haben die Angewohnheit, sich während der Übergriffe unter die Apachen zu mischen. Sie können nicht ohne Räubereien leben, weil ihre Felder und Weiden zu unfruchtbar sind.«

Die Navajos erfreuten sich vielleicht deshalb eines relativ guten Rufs, weil es die Spanier so wollten. Oder aber sie wurden nicht als Navajos erkannt, wenn sie ihre Halunkereien durchführten – oder aber diese wurden den Apachen zugeschrieben, die ohnehin für jeden Schimpf und jede Schande herhalten mussten. Also unternahmen die Weißen nur ganz selten Strafexpeditionen ins Navajo-Land und bemühten sich stattdessen, wenigstens diese Nomaden vor ihren Karren zu spannen.

Das geschah wahrscheinlich vor allem, weil die Spanier sich ohnehin schon von räuberischen »Heidenvölkern« umringt sahen. Es blieb ihnen kaum etwas anderes übrig, als eine Politik zu verfolgen, in der sie die einzelnen Stämme und Völker gegeneinander ausspielten. Die am unauffälligsten von allen Feinden operierenden Navajos waren demnach für die Rolle als Bundesgenossen der Spanier ausersehen.

Die Weißen bemühten sich nach Kräften. Sie schickten Delegationen ins Navajo-Land und luden deren Anführer nach Santa Fé ein. Sie verliehen prominenten Navajos den Generalsrang und oder andere Titel. Sie verteilten an sie Geschenke und versuchten, sie mit Ehrungen, Medaillen und Geld für ihre Ziele einzuspannen.

Die Spanier, wie die übrigen weißen Eindringlinge in Nordamerika, übersahen dabei eine eminent wichtige Tatsache: Die Häuptlinge, die Anführer, die Prominenten unter den Indianern hatten nach wie vor keine diktatorischen Vollmachten. Die Stämme und Völker besaßen keine Polizei in unserem Sinne; es gab keine Macht, die den Anhängern dieser Prominenten deren Willen aufzwingen konnte. Selbst wenn sie selbst guten Willens waren, die Spanier zu unterstützen – die übrigen Navajos waren es nicht. Sie hatten ohnehin die Angewohnheit, im Frühjahr Verträge abzuschließen, damit sie in aller Ruhe während des Sommers ihre Ernten einbringen und ihr Vieh beaufsichtigen konnten. Im Winter hatten sie ausreichend Zeit und vielfältige Gelegenheit, ihre Raubzüge und Überfälle durchzuführen. Verträge waren nur gut, solange sie nützlich waren.

»Von hier aus machten sie sich immer wieder davon, in kleinen Gruppen von drei und vier Mann. Sie stahlen spanische Pferde und Maultiere und brachten sie ins Lager zurück. Sie waren wild darauf, sich so und nicht anders zu verhalten«, wurde berichtet.

Ganz natürlich, dass die Spanier zurückschlugen, so wie im Winter 1804/1805. Ebenso natürlich, dass die Navajos nur gebremstes Interesse hatten, sich mit Pfeil und Bogen gegen die Arkebusen und Musketen der Weißen zu wehren. Sie zogen sich in den Canyon de Chelly zurück.

Dieser Canyon hat seinen Namen aus der spanischen Verballhornung von »tsegi«, Canyon, in der Navajo-Sprache. Der Canyon hat die Form eines Y. Er ist 45 Kilometer lang und zwischen 90 und 450 Meter breit. Auf seinem Grund fließt ein Bach, der aber im Sommer meist austrocknet. Zu beiden Seiten ragen senkrechte Felswände aus rotem und schwarzem Sandstein in unterschiedlicher Höhe. In manchen der Überhänge kleben verlassene Pueblo-Häuser wie Schwalbennester. Zwischen den Klippen liegen versteckte, einstige Vorratslager. Die Archäologen behaupten, der Canyon de Chelly sei von 350 vor Christus bis 1287 durchgehend bewohnt gewesen.

Die Leute des Jemez-Clan der Navajos erklären, sie seien die Ersten gewesen, die sich in diesem Canyon niedergelassen hätten. Sie seien von Anfang an Ackerbauern gewesen und berühmt für ihre schönen Frauen. Die wilden, jungen Männer seien von weither gekommen und von den Hügeln herabgestiegen, um sich unter ihnen ihre Bräute zu suchen.

Später erschienen Hopis, die spanische Priester getötet hatten, in dem Canyon und versteckten sich vor der Rache der Weißen. Sie waren es, die Pfirsichkerne mitbrachten und den Grundstein zu den berühmten Pfirsichplantagen im Canyon legten. Es waren die Saaten, die ihnen zuvor von den spanischen Priestern, die sie erschlagen hatten, geschenkt worden waren.

Nachdem die Hopi wieder freiwillig oder unfreiwillig verschwunden waren, wurde dieser paradiesische Canyon mit seinen Obstbäumen zu einer Domäne der Najavos. Er galt und gilt als das Herzstück ihrer Heimat.

Während der Strafexpedition der Spanier in den Jahren 1804/1805 versteckten die Männer ihre Frauen und Kinder in einer kaum zugänglichen Höhle in einem Canyon del Muerto genannten Abschnitt der Schlucht und ritten davon.

Die Frauen und Kinder, vor den Blicken der Spanier durch einen Steinwall geschützt, beobachteten die Weißen, wie sie am Grund des Canyons entlang ritten und vergeblich nach den Indianern Ausschau hielten. Sie wären vorbeigeritten, wenn nicht eine Alte – eine einstige Gefangene – aufgestanden wäre und den Spaniern in ihrer eigenen Sprache zugeschrien hätte: »Da reiten sie, die Männer, die keine Augen haben!«

Die Spanier taten alles, um die verbale Schmach zu vergelten. Es gelang ihnen zwar nicht, die in der Höhle Verborgenen direkt unter Feuer zu nehmen, doch sie schossen in den Eingang hinein, zielten auf die Decke des Verstecks und hofften, dass ihre Kugeln als Querschläger und Abpraller Wirkung zeigten.

Ein furchtbarer Regen von Blei fiel auf die ausweg- und deckungslos in der Höhle festgenagelten Frauen und Kinder, tötete viele, verletzte noch mehr. Dann fanden die Spanier eine brüchige Stelle in der Canyonwand, stiegen über sie hinauf und rutschten auf demselben Weg, auf dem die Navajo-Frauen und -Kinder das Versteck erreicht hatten, bis zu dessen Eingang wieder herunter. Danach begann das eigentliche Massaker unter den Wehrlosen und Verwundeten mit Bajonetten und Gewehrkolben.

Es gab keine Überlebenden. Heute noch zeugen die Einschläge der Kugeln an der Decke der »Massaker-Höhle« sowie ein von einem Gewehrkolben zerschmetterter Schädel vom blutigen Geschehen.

*

Gewalt erzeugt Gegengewalt. Die Navajos überfielen immer mehr Ranches und übten grausame Rache an allen Weißen, derer sie habhaft werden konnten. Die Spanier bemühten sich zwar nach Kräften, auf diplomatischem Weg zumindest eine Art von Stillhalteabkommen mit ihren Widersachern zu erzielen, da sie in militärischer Hinsicht – außer jenem mehr als fragwürdigen

Zufallserfolg im Canyon del Muerto – den Navajo-Kriegern nichts anhaben konnten.

Doch die Verträge mit den Nomaden waren nicht einmal das Papier wert, auf dem sie aufgeschrieben wurden. Die Navajos hielten sich nicht daran. Es war das alte Lied: Selbst wenn ihre »Verhandlungsführer« guten Willens waren, sprachen sie allenfalls für sich selbst oder nur einen kleinen Teil ihrer Leute. Vor allem die vom Gemetzel im Canyon del Muerto Betroffenen sannen weiter auf blutige Rache. Grundsätzlich galt nach dem Moralverständnis der Navajos – so wie der meisten der übrigen Indianer –, dass man jeden mit den erklärten Feinden geschlossenen Vertrag brechen konnte, sobald das opportun erschien.

Rein juristisch wurden ohnehin alle Verträge im Jahre 1824 hinfällig: Die Kolonie Mexiko hatte sich vom einstigen Mutterland Spanien losgesagt und war unabhängig geworden. Die Folge war, dass einflussreiche und weniger einflussreiche Navajos einmal mehr nach Santa Fé pilgerten, das die Roten »Bad Water« nannten, sich dort mit Geschenken überhäufen ließen, ein X unter ein Papier setzten, das sie nicht verstanden, und wieder zurückritten, um alles beim Alten zu lassen.

Für die Indianer – vor allem für die Navajos – innerhalb Neu-Mexikos hatte sich überhaupt nichts geändert. Sie fühlten sich ebenso wenig als Angehörige der Republik Mexiko, wie sie sich zuvor als Untertanen des Königs von Spanien gefühlt hatten. Es gab nach wie vor schwach verteidigte Ranches, die man plündern, Pferde, die man wegtreiben, fremde Rinder und Schafe, die man an Ort und Stelle schlachten konnte. Für die nächsten 40 Jahre wurden die Navajos zu den gefürchtetsten Freibeutern Neu-Mexikos. Sie lebten weit verstreut im Osten des heutigen Arizona und westlichen New Mexico.

Sie waren nicht nur gefürchtet, sie waren auch reich geworden. Das Weben von Decken spielte gegen Ende des 18. Jahrhunderts bereits eine wichtige Rolle in der Ökonomie des Volkes.

»Ihre Decken haben mehr Geschmack in der Ausführung und sind delikater als die der Spanier. Männer und Frauen sind sehr ordentlich gekleidet, und ihre Anführer sieht man selten ohne ihren Silberschmuck«, heißt es in einem mexikanischen Bericht. »Sie besitzen unzählige Schafe, aber die Schafe scheinen ihnen wenig zu bedeuten.« Ganz logisch: Für die Männer zählten nur die Pferde.

Es existieren daneben Berichte, nach denen die Navajos erfahrene Hopi-Weber mit Gewalt entführten und sich diese dienstbar machten. Die Muster der Decken waren einfach: braune oder schwarze Streifen auf hellem Grund. Weniger verbreitet waren Streifen in mexikanischem (blauem) Indigo.

*

Der erste schriftliche Reisebericht des Amerikaners Samuel Patton, der im »Missouri Intelligencer« erschien, verkündete hinsichtlich der Navajos:

»Ihre Fertigkeit in der Herstellung und ihre dekorative und künstlerische Begabung weisen eine ausgeprägte und geniale Überlegenheit gegenüber all den anderen Indianerstämmen des westlichen Kontinents aus.

Sie besitzen große Mengen von Schafen, mehr als genug Maultiere und ausgezeichnete Rinderherden. Sie verfügen über Gärten und Obstplantagen. Manche Produkte ihrer Webkünste sind von der Qualität den unsrigen gleichzusetzen. Wir haben Steppdecken von ihnen gesehen, deren Gewebestruktur erstklassig ist, deren

Motive genial und deren Farben brillant und dauerhaft erscheinen.«

Samuel Patton schrieb nichts über die Herkunft der Maultiere und vor allem der Rinder. Diese waren das sichtbare Resultat von Raubzügen junger Männer, die sich als Weber zu schade waren. Webhandwerk und -kunst war Sache der Frauen und wurde bald neben der Funktion als bedeutender Wirtschaftszweig auch Form des künstlerischen Ausdrucks.

Die einfachen Designs der geraden Streifen wurden bald durch Karos und Zickzack-Muster in brillanten Farben ersetzt. Aus Mexiko kam das Indigo-Blau; aus aufgerubbelten spanischen Kleidungsstücken, die diese ihrerseits als »Flausch«, einem rauen Wollstoff, aus England importiert hatten, stammte jener berühmte rote Faden, der als Blickfang verwebt wurde.

Eine Reihe von Navajo-Männern kleideten sich wie mexikanische Caballeros: Sie trugen bis auf die Waden hinunterreichende, kurze Beinkleider. Über eine Schulter drapiert war eine Decke. Manche der Hosen waren immer noch aus Hirschleder gefertigt, aber hervorragend gegerbt und mit Silberknöpfen reich dekoriert.

Samuel Patton schreibt auch darüber im »Missouri Intelligencer«: »Einer der im Kampf getöteten Anführer trug Schuhe, feine Wollstrümpfe, Hosen mit Silberknöpfen an den Nähten, ein Jagdhemd, eine Wollmütze, die ebenfalls mit Silberknöpfen geschmückt war.«

Sogar die Zäume der Navajo-Pferde waren mit Silber beschlagen. Wieder erwähnt der Berichterstatter nichts über die Herkunft des edlen Metalls. Es ist wahrscheinlich, dass diese Zäume einmal mexikanische Pferde schmückten und von den Navajos »erbeutet« worden waren, obwohl diese Indianer dem Journalisten versicherten, sie seien reich genug, sich spanischen Silberschmuck zu kaufen, und seien partout nicht darauf angewiesen, ihn zu stehlen.

*

Meist waren es Sippen oder Clans, untereinander verwandte Familien, die in einer Hand voll Hogans, in Hütten aus Erde, Holz oder Stein – je nach dem Vorhandensein von Baumaterial – zusammenlebten. Oder sie hausten in ihren Wickiups, den einfachen, temporären Reisig- oder Laubhütten. Seinerzeit war das jetzige unfruchtbare Trockengebiet wesentlich feuchter als heutzutage. Es war gutes Weideland mit seinen Bächen und den dicht mit Grama-Gras bewachsenen Senken. Die Navajo-Hirtenfamilien änderten ihren Standort drei-, vier- oder fünfmal im Jahr. Sie gaben dem Land immer wieder die Chance, sich zu erholen.

Für die jungen Männer war das friedliche Hirtendasein so unattraktiv wie die Weberei. Sie schätzten eher die Aufregungen der Jagd, den Thrill des Kampfes, den Erfolg des Überfalls. Ihre jagdlichen Expeditionen führten sie weit in den Nordosten, in das Land der Büffel, wo sie allerdings mit blutigen Auseinandersetzungen mit ihren traditionellen Feinden, den Ute und den noch wilderen und mächtigeren Comanchen, rechnen mussten.

Dabei hätten sie es überhaupt nicht nötig gehabt, sich der Mühen und Gefahren solcher Ausflüge zu unterziehen: Ihre Fleischtöpfe waren bis zum Rand gefüllt. Die immer zahlreicher werdenden Herden der Schafe und Ziegen, aber auch die der Rinder, sorgten für einen nicht abreißenden Nachschub an Fleisch, Fellen und Wolle.

Es war die Abenteuerlust, der Übermut, die Sucht nach Prestige, die sie in die Ferne trieben. Ähnlich war es mit den Überfällen auf die Ranches der Mexikaner. Nicht die schiere Not trieb sie dazu, sondern die Gier, sich noch mehr zu bereichern, Ruhm und Ehre als erfolgreiche Räuber einzuheimsen und zu attraktiven Partnern für die Frauen und Mädchen zu werden.

*

Die junge mexikanische Republik war erst im Aufbau begriffen. Vor allem im Norden, in Nueva Mexico gab es keine effektive Ordnungsmacht, ganz abgesehen einmal von einer einschüchternden oder beeindruckenden militärischen Präsenz. Die Verlockungen für die jungen Navajo-Krieger waren unter diesen Umständen viel zu groß, als dass sie brav zu Hause gehockt und auf das Auftauchen mexikanischer Händler gewartet hätten.

Umgekehrt unternahmen natürlich die Weißen immer wieder Vorstöße und Rachefeldzüge auch in das Navajo-Land. Wenn sie auf eine Gruppe unbewaffneter oder unterlegener Navajos stießen, dann »befriedigten sie ihre Rachegelüste« und/oder nahmen die, die sie brauchen konnten, gefangen und gaben vor, sie »in ihren Haushalten zu erziehen und dem christlichen Glauben zuzuführen«. Das Verbot, Indianer zu Sklaven zu machen, bestand auch im neuen republikanischen Mexiko und war auf diese Art und Weise leicht zu umgehen.

Offizielle Papiere geben die Zahl der Sklaven in Neu-Mexiko damals mit 3 000, manchmal auch mit 6 000 an. Sie wurden als *Piezas,* mit »Einheiten« oder »Stück« bezeichnet. Drei viertel davon – so wurde geschätzt – waren Navajos.

In diesen Papieren steht jedoch nichts davon, dass gefangene oder versklavte Navajos »bekehrt« wurden.

Doch sie waren lernfähig und manchmal sogar lernbegierig. Im Prinzip wurden sie von ihren mexikanischen Herren nicht schlecht behandelt. Soweit man ihnen freistellte, zu ihrem Volk zurückzukehren, waren noch lange nicht alle dazu bereit. Doch diejenigen, die zurückkehrten, brachten weitere Kenntnisse mit, die begierig aufgenommen und weitergegeben wurden.

Die Sklaverei war bei allem Unrecht einer von mehreren Mosaiksteinen im historischen Lernprozess, dem sich die Navajos – im Gegensatz zu vielen anderen Indianern – mit Erfolg unterwarfen. Auf diese Art und Weise entstanden beispielsweise die Muster der »Slave blankets«, die »Sklavendecken« der heimgekehrten Weberinnen. Sie unterschieden sich eklatant von den üblichen Navajo-Decken. Sie leuchteten viel farbenprächtiger als die traditionellen Produkte und wurden in der Mehrzahl, mit einem Schlitz in der Mitte, als Poncho getragen.

*

Die zwangsläufige Folge dieser Entwicklung war die Entstehung einer Art von Klassengesellschaft unter den Navajos. Unter ihnen gab es nicht wenige *Ricos,* Reiche, die Tausende von Schafen und Hunderte von Pferden besaßen. Diese Männer versuchten nach besten Kräften, den Frieden im Land aufrechtzuerhalten, die Raubzüge zu unterbinden, denn jede Form von Krieg bedrohte ihren Besitzstand.

Ihre Söhne konnten es sich leisten, für eine Frau 50 oder 60 Ponys zu bezahlen, was die armen Schlucker nicht konnten. Also versuchten diese, sich den Privilegierten gleichzustellen. Das war am ehesten durch Raubzüge gegen die Besitzenden zu bewerkstelligen, und das waren in erster Linie die Mexikaner. Aber die wehrten sich und schlugen zurück.

Oder aber die gestohlenen Schafe wechselten auf wundersame Weise unter den Weißen den Besitzer – und die Navajos besaßen plötzlich Geld. Geld, mit dem sie Silberschmuck, großrädrige Sporen, bunte Stoffe und weitere Pferde kauften. Jetzt waren auch sie vermögend wie die *Ricos* und konnten auch bei dem Kauf der hochumworbenen Frauen mithalten.

Da bei dem bösen Spiel von Überfall, Plünderung und Viehdiebstahl nicht nur Rothäute, sondern auch Weiße mitmachten und mitverdienten, drohte der Provinz Nueva Mexico der Niedergang. Mehrfach überfallene Ranches wurden aufgegeben; es fanden sich vor allem keine Schafhirten mehr. Wer konnte es den armen Teufeln verdenken, für ein paar Pesos ihr Leben zu riskieren? Oder wenn sie denn davongekommen waren, ohne Nase, Ohren oder Hoden zum Gespött der Menschheit herumlaufen zu müssen, weil ihnen diese von den Indianern aus purem Übermut abgeschnitten worden waren?

Die Regierung war zu schwach, um irgendwelche Hilfestellung zu geben. Die Rancher mussten selbst zurückschlagen, oder es drohte ihnen der Bankrott. Zumindest erließ die Regierung ein Gesetz, das es den Rancheros und Estancieros gestattete, die Diebe zu verfolgen und sich den verlorenen Besitz mit Waffengewalt zurückzuholen. Dabei kam es ihnen nicht unbedingt darauf an, ob es sich um das eigene Vieh oder zuvor geraubtes Vieh handelte. Wer die meisten Männer in den Kampf schicken konnte und die besseren Waffen besaß, der hatte am Ende gewonnen.

Tauchte eine mexikanische Streitmacht auf, schwangen sich die Viehdiebe auf ihre Ponys und verschwanden in ihren Bergverstecken. Die Mexikaner konnten dann die Schafherden mitnehmen und auch die Frauen und Kinder, derer sie habhaft werden konnten, in die Gefangenschaft verschleppen, doch das Übel mit der Wurzel ausreißen, das konnten sie nicht.

Wie der Blitz aus heiterem Himmel schlugen die Navajos und ihre Spießgesellen prompt an anderer Stelle zu und kompensierten ihre Verluste im Handumdrehen.

Aber es gab auch Konkurrenz: die Ute, die Apachen und die Comanchen. Diese waren im Vorteil, denn sie gaben sich weder mit Viehzucht noch mit Ackerbau ab, waren Jäger und Krieger reinsten Wassers, schnell, beweglich, mitleidslos und kaum zu fassen.

Vor allem die Ute attackierten auch die Navajos, raubten Schafe und Frauen. Fast in jeder Navajo-Familie gab es eine Verwandte, die von den Ute geraubt worden war und – so wird erzählt – ihre Herrschaft düpierte, indem sie auf einer abenteuerlichen Flucht das Weite suchte und zu den Ihren zurückkehrte.

*

Inzwischen hatten auch die Hopi und Zuni erkannt, dass die Navajos nicht unverwundbar waren. Sie fanden in der ersten Hälfte des 19. Jahrhunderts häufiger als sonst Gelegenheit, es ihren Quälgeistern für begangenes Unrecht heimzuzahlen. Sie beobachteten genau, wenn die Ute, die Apachen und die Comanchen die Navajos in Bedrängnis brachten, wenn diese mit dem Rücken zur Wand standen. Dann schlugen sie zu und fügten ihnen weitere schmerzhafte Verluste zu.

Neu-Mexiko war einmal mehr zu einem sehr unsicheren, um nicht zu sagen, chaotischen Pflaster geworden:

Selbst Albuquerque, die größte Stadt der Provinz, und Santa Fé, die Hauptstadt, waren nicht sicher vor Überfällen. Halbwegs beruhigt schlafen konnten nur die Besitzlosen, aber auch die liefen noch Gefahr, gekidnappt und als Sklaven verkauft zu werden. Die Situation gestaltete sich noch schwieriger, weil bei den Überfällen kaum jemand wusste, wer nun tatsächlich die Übeltäter waren: Ute, Comanchen, Apachen, Navajos oder gar marodierende weiße Banden, die sich mitunter als Indianer verkleideten.

Doch als die größten Übeltäter - ob zu Recht oder zu Unrecht - galten die Navajos. Das Wort wurde zum Synonym für Spitzbube, Räuber, Mörder. Viele waren der Ansicht, dass erst nach einer Vernichtung der Navajos sichere Verhältnisse in der Region einkehren würden. Just in diesem Augenblick, in dieser recht chaotischen Situation, betraten die USA die Bühne des Südwestens. Man schrieb das Jahr 1846.

Der Südwesten wird US-amerikanisch

Bis zur Mitte des 19. Jahrhunderts hatten die wenigsten Navajos je einen US-Amerikaner gesehen. Gefangene Ute berichteten hin und wieder von fremdartigen, langbärtigen Kreaturen. Sie seien die Flüsse hinaufgekommen, hätten Biber und andere Pelztiere in eisernen Fallen gefangen. Hin und wieder träfen sie sich in einer Siedlung, die sie »Pueblo« nannten. Angeblich hätten sie riesengroße Ohren, die hinunterreichten bis zu ihren Füßen, und des Nachts würden sie sich mit diesen Ohren zudecken und sich so gegen die Kälte schützen. Manche würden auf ihren Knien Feuer entzünden, andere sich mit dem Rücken an die Flammen anlehnen, um sich so zu wärmen.

Die Geschichten hörten sich an wie die Erzählungen von mythologischen Monstern und Göttern, die die Alten abends in den Hogans zum Besten gaben.

Die Wirklichkeit sah jedoch völlig anders aus. Die Republik Mexiko hatte den Vereinigten Staaten von Amerika den Krieg erklärt. Dieser Tatbestand war den Navajos und den meisten der übrigen Bewohner von Neu-Mexiko nicht bekannt.

Dieser Krieg war ganz eindeutig von den US-Amerikanern provoziert worden. Die Basis für die Auseinandersetzung war geschaffen worden, als das zuvor mexikanische Territorium Texas im Jahr 1835 seine Unabhängigkeit erklärt und den neuen Status mit Waffengewalt – und US-Unterstützung – gegen das schwache, von Revolutionen geschüttelte Mexiko verteidigt hatte. Aber es sollte noch schlimmer kommen: Ein Jahrzehnt später, also 1845, schloss sich Texas als Bundesstaat den USA an. Diese Tatsache allein bedeutete für die stolzen Mexikaner eine nur schwer zu verkraftende Provokation.

Dem folgten wenig sensible und selbst unter den damalig rauen Verhältnissen beleidigende Angebote der US-Regierung für »Grenzberichtigungen«, sprich -verschiebungen. Sie gingen stets zu Lasten von Mexiko. Für die Ländereien zwischen Noces River und Rio Grande sollten fünf Millionen, für den Kauf von ganz Kalifornien 25 Millionen und für das heutige New Mexico weitere fünf Millionen Dollar bezahlt werden; insgesamt wollten die US-Amerikaner fast 1,5 Millionen Quadratkilometer mexikanisches Land für nur 35 Millionen Dollar erwerben.

Als schließlich eine US-Heeresabteilung den Noces River überschritt und auch noch über den Rio Grande hinaus vorstieß, war für die Republik Mexiko der Casus Belli gegeben.

Die Chancen standen von Anfang an schlecht für die Mexikaner. Sie hatten zwar mehr Männer unter den Waffen als die USA, doch ihre Staatskasse war leer, ihre Truppen waren schlecht ausgebildet, noch schlechter bewaffnet und – da nur knapp und das auch noch unregelmäßig bezahlt – kaum motiviert.

*

General Stephen Kearney war mit einem Armeekorps von knapp 1500 Mann von Fort Leavenworth in Kansas ausgerückt. Er hatte den Auftrag, das mexikanische California zu erobern und auf dem Wege dorthin, buchstäblich mal eben »en passant«, Neu-Mexiko zu erobern.

Neu-Mexiko war in den Augen der Amerikaner ein »Land der ungezähmten, kulturlosen Natur, wo sich der amerikanische Adler noch nie gezeigt und die amerikanische Flagge noch nie im Wind geflattert hatte«.

Für die US-Amerikaner war es anfangs nichts weiter als ein – wenn auch strapaziöser – 5 000 Kilometer langer Spaziergang. Der Gegner war nicht der mexikanische Feind, sondern dic Weite des Kontinents, die Hitze, die Trockenheit. Die Provinzhauptstadt Santa Fé wurde praktisch ohne Widerstand eingenommen. Der mexikanische Gouverneur suchte das Weite.

Die Bevölkerung begrüßte die neuen Machthaber. Sie versprach sich mehr Sicherheit und damit verbunden eine größere Prosperität von den neuen Herren des Landes. Die Republik Mexiko hatte sich in den ersten beiden Jahrzehnten ihrer Existenz als zu schwach und innerlich zu zerrissen gezeigt, um ihre Bürger schützen zu können, geschweige denn Fortschritt und Wohlstand zu gewährleisten.

Ähnlich wie die weißen Kolonisten verhielten sich die sesshaften Indianer. Die Pueblo schickten Delegationen nach Santa Fé, um den US-Amerikanern ihr Wohlverhalten zu beteuern.

Die US-Amerikaner sagten zu, effektive Maßnahmen zum Schutz gegen Überfälle zu ergreifen, und gingen sogar so weit, die Rückerstattung des gestohlenen Eigentums zu versprechen. Der erste Schritt sollte eine Konferenz sein, zu der sich alle Indianerstämme einfinden sollten.

Man wollte die Rothäute auffordern, Frieden zu schließen. Überfälle würden ab sofort vom Gesetz streng geahndet, und die Häuptlinge hätten Verträge abzuschließen, diesmal mit einer Gültigkeit, »solange das Gras wächst und die Flüsse fließen«.

Die US-Amerikaner versuchten, Nägel mit Köpfen zu machen. Sie schickten Militärabteilungen zu den einzelnen eingeborenen Volksgruppen und forderten die Häuptlinge auf, Delegationen zusammenzustellen und diese selbst zu begleiten. Die Pueblo folgten frohen Herzens der Aufforderung und versicherten den US-Amerikanern, sie seien sofort bereit, mit ihnen zusammen die Navajos zu bekämpfen und am besten gleich mit Stumpf und Stiel auszurotten.

Es machten sich sogar ein paar Ute auf den Weg zu den US-Amerikanern. Ein Apachen-Häuptling sah die Sache anders und knurrte: »Ich komme nur mit, weil ihr zurzeit stärker seid als wir.« Nur von den Hauptübeltätern der Vergangenheit, den Navajos, fehlte jede Spur.

Ihr Verbleib wurde rasch offenkundig. Sie hatten einige Pueblo am Rio Grande überfallen, ein Dutzend Männer getötet, ebenso viele Frauen und Kinder verschleppt und eine Menge Vieh weggetrieben.

General Kearney war zu diesem Zeitpunkt mit seinen Truppen bereits quer über die südlichen Rocky Mountains vorgestoßen und unterwegs nach Kalifornien, als sein Vertreter Colonel Doniphan von der neuerlichen Attacke erfuhr. Doniphan zögerte keinen Augenblick und entschied sich unverzüglich, mitten in das Herz des Navajo-Landes zu marschieren.

Drei verschiedene Abteilungen durchquerten auf verschiedenen Routen eine Hügellandschaft, die den Truppen »hoch wie die Alpen und bedeckt mit ewigem Eis und Schnee« vorkamen (es war November). Sie fühlten sich so miserabel wie Hannibal bei seinem Zug gegen Rom. Dummerweise hatten sie des schnelleren Fortkommens wegen ihre Zelte zurückgelassen – und wärmende Mäntel besaßen sie ohnehin nicht.

Nur eine der drei Abteilungen unter Captain Reid wurde geführt von Sandoval, einem der verhassten, inzwischen sogar christlich gewordenen »Enemy Navajos« aus Cebolleta. Reid traf tatsächlich auf die Navajos. Diese begutachteten die fremden Soldaten und warteten erst mal ab.

Die roten Krieger und die weißen Soldaten ritten misstrauisch nebeneinander her, während sie sich gemeinsam zu einem großen Tanz in den Chuska Mountains begaben, zu dem die Häuptlinge Captain Reid eingeladen hatten. Das gegenseitige Misstrauen baute sich langsam ab, als Reid keine Furcht zeigte und die Navajos die halb verhungerten Soldaten mit gerösteten Lammrippchen und -keulen verköstigten.

Danach »tanzten die Freiwilligen aus Missouri zusammen mit den Navajos die ganze Nacht zu den Schlägen der Trommeln und dem Lärm der Rasseln«, kündet der Bericht.

Die Navajos waren sich jedoch nicht sicher, ob sie die inzwischen arglosen US-Amerikaner einfach wieder laufen lassen sollten. Sie schickten reitende Boten zu ihrem Ältesten Narbona, der weit hinter den Bergen lebte. Der gab den Rat, die Fremdlinge ungeschoren ziehen zu lassen. Die Nahrung für den Winter sei noch nicht ganz eingebracht, und solange das nicht der Fall sei, sollte der Frieden erhalten bleiben.

Die Boten erzählten den Soldaten, Narbona wolle sie selbst sehen und direkt mit ihnen reden. Wieder willigte Reid ein, nachdem die Najavos einmal mehr ein paar Schafe geschlachtet und die Soldaten verpflegt hatten. Die US-Amerikaner überschritten die kontinentale Wasserscheide.

»Jeder Mann führte sein Pferd am Zügel zwischen riesigen Tafeln und Brocken von Felsgestein hindurch, unter schlimmeren Mühen, als bis dahin vorstellbar und hilflos angesichts der armseligen Kräfte des Menschen«, steht im Bericht der Militärs.

Sie fanden in Narbona einen 80-jährigen, rheumatischen Greis, der sich kaum noch auf dem Pferd halten konnte, inmitten von riesigen Herden von Schafen. Doch der Alte besaß offenbar noch ein enormes Ansehen und entsprechenden Einfluss. Narbona schickte sofort Boten in alle Richtungen, um die Navajos zusammenzurufen. Angeblich strömten Tausende von Kriegern auf seinen Befehl herbei.

Narbona wurde auf einer Trage zum großen Council gebracht. Sein neben ihm stehender Sohn gab seine leise gesprochenen Worte mit lauter Stimme weiter.

Captain Reid erklärte den Sinn und Zweck seiner Mission, doch dann erhob sich Narbonas Frau, eine kleine, temperamentvolle 50-Jährige, und beschwor die roten Krieger, ihre Waffen zu ergreifen und die US-Amerikaner zu töten. Sonst würden sie selbst getötet werden. Die zuvor friedliche Stimmung schien umzuschlagen. Narbona jedoch klopfte mit einem Stock dreimal auf die Erde, sein Sohn sprach ein paar Worte zu dem nächst stehenden Krieger, und zur Erleichterung und Überraschung der US-Amerikaner packten zwei junge Männer die Frau an den Armen und führten sie weg. Die Navajo-Krieger beobachteten schweigend und stoisch das Geschehen. Schließlich endete der Council mit dem Ergebnis, dass die Navajos sich in Zuni einfinden sollten, um über einen Friedensvertrag zu verhandeln.

Die US-Amerikaner - ihre Mission war erfüllt - ritten zurück in Richtung Santa Fé. Noch auf dem Weg dorthin erreichte sie eine Botschaft Narbonas: Er beschwor die Weißen, gut auf ihre Pferde aufzupassen, denn ein paar hitzköpfige, beutegierige und unkontrollierbare junge Krieger hätten sich aufgemacht, die US-Amerikaner zu verfolgen und ihnen die Pferde zu stehlen.

Unterwegs widerfuhr der Truppe keinerlei Unbill. Doch als die US- Amerikaner in Cebolleta ankamen, mussten sie feststellen, dass die dort zurückgelassenen Zugpferde verschwunden waren.

Eine alte Erkenntnis bestätigte sich einmal mehr: Keiner auch noch so angesehene Navajo hatte diktatorische Machtbefugnisse - und 30 US-Soldaten reichten nicht aus, um die jungen Krieger vom Rauben und Plündern abzuhalten.

Die diplomatischen Anstrengungen beider Seiten wurden weiterbetrieben. Narbona erschien mit anderen Führungspersönlichkeiten seines Volkes an dem späteren Fort Wingate, um nochmals mit Colonel Doniphan persönlich zu konferieren. Es fiel dem Colonel natürlich recht schwer, den Navajos zu erklären, warum sie nicht mehr die Ranches der Mexikaner überfallen durften und dass sie jetzt allesamt Amerikaner seien, von denen jeder das Recht auf Schutz habe. Long Earrings, ein junger Navajo, antwortete dem Colonel. Seine Rede ist überliefert:

»Amerikaner! Ihr habt merkwürdige Gründe, gegen uns Krieg zu führen. Wir haben mehrere Jahre lang die Mexikaner bekriegt. Wir haben ihre Dörfer geplündert, wir haben viele von ihnen getötet und noch mehr von ihnen gefangen genommen. Aber wir haben für all das triftige Gründe gehabt. Ihr Amerikaner habt erst kürzlich gegen die gleichen Menschen Krieg geführt. Ihr seid mächtig und stark. Ihr habt große Kanonen und viele tapfere Soldaten. Deshalb konntet ihr sie besiegen. Dasselbe Ziel haben wir viele Jahre lang verfolgt. Jetzt wendet ihr euch gegen uns, um uns dafür zu bestrafen, was ihr zuvor selbst getan habt. Wir können nicht erkennen, weshalb ihr mit uns einen Krieg beginnen wollt, nur weil wir mit den Mexikanern Krieg geführt haben. Seht einmal, wie die Lage ist. Das ist unser Krieg. Wir haben ein größeres Recht dazu, uns über euch zu beklagen, weil ihr in unseren Krieg eingegriffen habt – als dass ihr euch über uns beklagt, weil wir den Krieg fortführen, den wir lange zuvor begonnen haben. Lange, bevor ihr hier erschienen seid. Wenn ihr richtig handeln wollt, dann müsst ihr uns gestatten, unsere eigenen Differenzen mit anderen auszutragen.«

Diese Rede ist ein weiteres Beispiel indianischer Logik und Rhetorik, die Colonel Doniphan durchaus verstand. Aber als Soldat hatte er seine Befehle, und die bestanden darin, dass die Feindseligkeiten zu unterbinden und Verträge zu unterschreiben seien.

Die Anführer der Navajos unterschrieben. Es ist unbekannt, ob ihnen die Bedeutung dieser Verträge klar war, ob sie wussten, dass die Quelle, aus der sich der größte Teil ihres Reichtums speiste, damit versiegte. Sicherlich war vor allem der alte Narbona begierig, die Verträge zu unterzeichnen. Er war bereits reich und konnte davon ausgehen, dass die US-Amerikaner ein Garant dafür waren, dass seine Güter, sprich seine Herden, geschützt würden und ihm sein Besitz erhalten blieb. Caballada Mucha, der Abkömmling eines Hopi und der »Besitzer vieler Pferde«, mag ebenso gedacht haben. Long Earrings scheint ebenfalls recht wohlhabend gewesen zu sein, denn immer wieder ist die Rede von dem prachtvollen Silberschmuck, mit dem er behängt war. Wahrscheinlich hatte er auch eingesehen, dass es nichts einbringen würde, sich mit den entschlossenen, mächtigen und gut gerüsteten US-Amerikanern anzulegen.

Die jungen Navajo-Anführer, die noch keine bedeutenden eigenen Herden besaßen, mögen einfach dem Beispiel der erfahrenen, anerkannten Männer gefolgt sein; vielleicht war ihnen die Bedeutung dessen, auf was sie sich einließen, gar nicht bewusst. Sie setzten ebenfalls ihr Kreuz unter die Verträge.

Danach mussten sie eine besonders bittere Pille schlucken: Die US-Amerikaner verlangten, dass sie auch mit den seit Generationen verfeindeten Zuni Frieden schließen sollten. Und nicht nur das. Die Weißen setzten sie unter solchen Druck, dass sie mit ihnen ins Zuni-Land reiten und dort ihren Todfeinden in die Augen blicken mussten. Bei der Gegenüberstellung zitterten selbst den tapfersten Navajo-Kriegern die Beine – und sie verlangten, dass die US-Amerikaner im selben Raum zusammen mit ihnen übernachteten. Nur so fühlten sie sich vor den Rachegelüsten der Zuni sicher.

Die Rede der Navajo-Ältesten an die Zuni ist ebenfalls aufgezeichnet worden:

»Der Grund eurer Unzufriedenheit ist solcherart: Der Krieg mit euch wurde angezettelt wegen unserer Besitztümer. Ihr habt unsere Herden vernichtet und den Rest weggetrieben. Ihr habt eure Männer überredet, dass sie an den Überfällen teilnehmen, und ihr habt die Beute zu eurem eigenen Vorteil benutzt. Um diesem Umstand entgegenzutreten, haben wir eure Dörfer angegriffen, haben sie geplündert, haben eure Frauen und Kinder gefangen genommen und sie zu Sklaven gemacht.

Doch eure letzten Angriffe waren erfolglos. Wir haben mehr von euch genommen als ihr von uns, und deshalb seid ihr böse auf uns. Aber ihr könnt uns bei alledem nicht vorwerfen, dass wir, die Navajos, Frauen und Kinder getötet hätten. Ihr wisst nur zu gut, als vor erst wenigen Jahren unsere Frauen und Kinder sich in den Bergen aufhielten und Piñon-Nüsse sammelten, da haben eure Krieger sie überfallen und 40 von ihnen getötet. Dieser feige Akt wurde durchgeführt, als kein Navajo-Krieger in der Nähe war und sie schützen konnte.«

Auch hier handelt es sich um ein Stück indianischer diplomatischer Rhetorik, um eine nicht eben subtile Art von Zynismus, die wahrscheinlich eher die US-Amerikaner beeindrucken sollte als die Zunis. In Wirklichkeit hatten alle Pueblo-Bewohner wesentlich mehr unter den Navajos und den übrigen Krieger- und Nomadenvölkern gelitten, als es umgekehrt der Fall gewesen war. Die Zunis wurden ob dieser Verdrehung der Tatsachen so wütend, dass sie sich drei Navajos griffen und ihnen ans Leder wollten. Doch die Angegriffenen blieben ruhig – sie fühlten sich in Begleitung der US-Militärs sicher. Einer der Angegriffenen erklärte: »Wir haben nicht die geringste Angst, dass uns auch nur ein Haar gekrümmt wird, denn wir haben uns in den Schutz von ehrenwerteren Menschen begeben, als ihr es seid.«

Angesichts der drohenden Haltung der US-Amerikaner mussten die Zunis die Drei wieder freigeben.

Letztlich blieb es bei schönen Worten. Beiden Verhandlungspartnern war nur zu klar, dass all die wohlklingenden Beteuerungen keinen echten und dauerhaften Frieden garantieren konnten. Es wäre vielleicht anders gekommen, hätten die US-Amerikaner eine starke Besatzungsmacht in New Mexico zurückgelassen. Aber Colonel Doniphan setzte sich mit seinen Soldaten in Richtung der mexikanischen Nordprovinz Chihuahua in Marsch.

*

Kaum waren die US-Amerikaner abgezogen, begannen die Navajos wieder mit vereinzelten kleineren Überfällen gegen die Mexikaner. Offensichtlich wollten sie testen, was passieren würde, wie die neuen Herren reagierten, wenn sie »ein bisschen Unheil« anrichteten.

Es passierte nichts. Wenn überhaupt US-Soldaten anwesend waren, dann nicht zum richtigen Zeitpunkt oder am richtigen Ort. Die Mexikaner bereuten bald, so schnell die Waffen gestreckt zu haben, und begannen, sich aus dem einstigen Mutterland im Süden wieder Gewehre zu besorgen. Sie überredeten die Taos-Pueblo erfolgreich, den US-amerikanischen Gouverneur zu töten. Die nomadisierenden Indianer und die Navajos starteten ihre nur kurzfristig unterbrochenen Raids erneut.

Im Jahr 1849 verkündete der US-Kongress, dass die Indianer im Westen endgültig unterworfen seien und der Zuständigkeitsbereich für sie vom Kriegsministerium in das Innenministerium wechseln müsse. Als erster »Indian Agent« für New Mexico wurde James S. Calhoun bestimmt. Calhoun traute sich anfänglich nicht einmal mit einer massiven Militäreskorte ins Gebiet der angeblich »befriedeten« Indianer – hoffte aber, mit den Navajos, dem stärksten und gefährlichsten Volk der Region, einen neuen Vertrag auszuhandeln zu können, dem die anderen Völker und Stämme dann folgen würden.

*

Agent Calhoun und der Militärgouverneur Colonel Washington begaben sich schließlich in die Höhle des Löwen, um diesen Vertrag abzuschließen. Die Schutztruppe bestand aus 54 Pueblo-Indianern, einer Hand voll berittener Freiwilliger aus New Mexico und zwei Scouts.

Einer der Letzteren war ein mexikanischer Oberst, der andere war der bereits bekannte Sandoval, der Häuptling der »Enemy Navajos«.

Die Kolonne zog mit einer Kanone im Tross von Jemez durch den Chaco Canyon. Man darf getrost davon ausgehen, dass ihr Vorrücken von den Spähern der Navajos mit höchstem Interesse verfolgt und ihre Bewegungen weitergemeldet wurden. Nach und nach mischten sich Navajos unter den Zug. Erst schickten sie ihre Frauen vor als Zeichen ihrer guten Absichten, dann kamen sie selbst und ritten in der Kavalkade mit.

Der Weg führte durch das Tunicha-Tal. Unterwegs ging das Futter für die Maultiere aus, und die Soldaten bedienten sich an den Maisfeldern der Navajos, ohne diese um Erlaubnis zu fragen. Die Navajos ließen diese Form von Plünderung scheinbar ungerührt geschehen.

Doch je näher die Rothäute ihrer Heimat, den Tunicha-Bergen, kamen, umso größer wurde ihr Selbstvertrauen. Nach und nach erschienen auch ihre Unterführer auf der Szene. Sie bestätigten, dass bald die bedeutenderen Anführer ebenfalls auftauchen würden, unter anderem auch der bereits bekannte Greis Narbona.

Sowohl der Soldat Washington wie der Zivilist Calhoun zogen nicht näher ins Kalkül, dass es unter den Navajos keine Hierarchie, geschweige denn klare militärische Befehlsstrukturen gab, die mit denen der US-Amerikaner vergleichbar waren. Lapidar und arrogant verlangten sie, die gesamte Navajo-Nation habe sich im Canyon de Chelly einzufinden, um bei der endgültigen Vertragsunterzeichnung anwesend zu sein.

Narbona erschien tatsächlich auf der Bildfläche und übergab den US-Amerikanern als Zeichen seines guten Willens 130 zuvor gestohlene Schafe sowie eine Anzahl von Pferden und Maultieren.

In diesem Augenblick erblickte einer der mexikanischen Freiwilligen ein Pferd, das ihm von Navajos vor Monaten gestohlen worden war. Er meldete den Vorfall seinem Colonel Washington, worauf der die Herausgabe des Pferdes forderte. Die Navajos entgegneten, das Pferd sei schon seit Jahren in ihrem Besitz. Es hätte vielfach den Besitzer gewechselt, sei sogar zwischendurch bei seinem alten Eigner wieder aufgetaucht und weiterverkauft worden.

»Warum hat dieser denn das Pferd nicht damals schon zurückverlangt?«, fragte der Oberst.

»Ganz einfach, weil damals noch keine Amerikaner anwesend waren, die dem Begehren des einstigen Eigners hätten Nachdruck verleihen können«, antwortete der Navajo. Pferdediebstahl sei eine weit verbreitete und ehrenwerte Beschäftigung, fügte der mutmaßliche Dieb hinzu. Auch die Mexikaner würden Pferde stehlen, wo immer sie Gelegenheit dazu hätten.

Colonel Washington wollte der Scharade ein Ende bereiten: »Gebt das Pferd zurück oder wir werden schießen!«, ordnete er an.

Die Männer entsicherten und hoben ihre Gewehre. Damit jedoch war der Colonel entschieden zu weit gegangen. Der Stolz der Navajos ließ es nicht zu, das Pferd zurückzugeben.

Colonel Washington befahl Lieutenant Torres, das Pferd zu ihm zu bringen. Lieutenant Torres wollte dem Befehl nachkommen, doch in diesem Augenblick wendeten die Navajos ihre Tiere auf der Hinterhand und stoben davon. Die Freiwilligen feuerten, und ein Navajo wurde getroffen. Es war der alte Narbona. Er war auf der Stelle tot.

Das war das Ende der sich anbahnenden Freundschaft zwischen Navajos und US-Amerikanern. Die Neuankömmlinge waren in den Augen der Indianer jetzt Feinde – wie alle anderen auch. Sie behandelten die US-Amerikaner wie die übrigen Gegner: Bekämpfe sie, wenn der Vorteil auf deiner Seite scheint, ziehe dich zurück, wenn sie sich in der Überzahl befinden.

Die Pueblo befürchteten auf dem Weg in den Canyon de Chelly das Schlimmste, aber die Navajos griffen sie nicht an. Die Bewohner des Canyons brannten ihre Hütten ab und flohen Hals über Kopf. Die Soldaten komplettierten das Zerstörungswerk und vernichteten die Maisernte. Doch dann erschien für Washington und Calhoun überraschend ein bis dato unbekannter Navajo-Anführer in ihrem Camp: Mariano Martinez. Es bestätigte sich den US-Amerikanern einmal mehr, dass diese Menschen keine sich wie eine Pyramide aufbauende, politische oder militärische Befehlsstruktur besaßen, sondern dass es verschiedene Persönlichkeiten mit einem gewissen Einfluss, doch keinerlei umfassenden Vollmachten gab.

Mariano und ein gewisser Chapeton gingen auf alles ein, was die US-Amerikaner vorbrachten; sie versprachen das Blaue vom Himmel herunter. Die Gefangenen würden zurückgebracht werden, das gestohlene Gut ebenso, und sie würden sich in Zukunft friedlich verhalten.

Wen wundert's: Keines der Versprechen wurde eingehalten. Im Gegenteil: Da die Amerikaner jetzt die *Ricos* geworden waren, wurden sie zur bevorzugten Zielscheibe der Überfälle der Navajos. Die US-Amerikaner erwogen Gegenmaßnahmen. Die erste bestand darin, mitten im Navajo-Land ein Fort zu errichten und dort eine Militärgarnison zu stationieren. Die Navajos nannten den Ort »Grüner Platz zwischen den Felsen«, die US-Amerikaner Fort Defiance oder »Die Herausforderung«.

*

Offiziell vertraten die Indianer-Agenten - »The Little White Fathers« des Innenministeriums - die Belange der Indianer, doch das Sagen hatte nach wie vor das Militär. Öfter als es ihm lieb war, musste der Agent den Schutz der Soldaten einfordern, die militärische Infrastruktur in Anspruch nehmen.

Als Erstes versuchte der Agent Calhoun, »in der Vergangenheit begangenes Unrecht« wieder gutzumachen. Das hieß, die Gefangenen zu befreien, die gestohlenen Güter - Schafe, Rinder, Pferde, Maultiere - wieder ihren rechtmäßigen Besitzern zurückzugeben. In erster Linie waren es die Pueblo, die mit den Fingern auf die Navajos zeigten.

Armijo, einer von deren Anführern, von Calhoun zur Rechenschaft gezogen, antwortete: »Meine Leute beklagen sich genauso. Ihre Kinder sind von den Mexikanern eingefangen und weggeschleppt worden. Niemand weiß, wo sie sich jetzt aufhalten. Bis jetzt haben wir schon elfmal unsere Gefangenen freigegeben, die Mexikaner die ihrigen erst einmal. Besteht das amerikanische Recht darin, dass wir alles aufgeben müssen und nichts dafür bekommen?«

Der Agent erwiderte, dass er all diese Tatbestände dem Großen Weißen Vater berichten müsse, und der würde dann entscheiden, was er - Calhoun - zu tun habe.

Resignierend bemerkte Armijo darauf: »In den vergangenen Tagen der Mexikaner haben unsere Anführer Geschenke erhalten, bevor man sie bei erster Gelegenheit umbrachte. Wie wird es diesmal sein?«

Was der Navajo nicht wusste: Seinerzeit brauchte ein Brief von Santa Fé nach Washington drei, manchmal gar vier Monate. Da man sich in der Regierungsbürokratie mit dem Antwortschreiben meist viel Zeit ließ, war also mit einem Bescheid nicht vor einem Jahr zu rechnen – vorausgesetzt, dass die Postkutsche nicht von Comanchen oder Kiowas überfallen wurde oder sonst wie verunglückte.

Ein weiteres Problem bestand darin, dass die »Kleinen Weißen Väter«, die Indianer-Agenten, in der Regel nach einem Jahr abgelöst und durch andere ersetzt wurden.

Folgendes selten selbstkritische Zitat stammt von einem dieser Männer: »Indianer-Agenten werden meist aus politischen Gründen ernannt. Mr. Wingfield tauchte hier auf, weil er ein Freund von Mr. Dawson, einem einflussreichen Politiker aus Georgia war. Mr. Wolley, ein alter Mann von über 70 Jahren, wurde ernannt, weil er ein Freund von Mr. Clay war; Mr. Weightman gedachte, seine Fähigkeiten nachzuweisen, weil er als Delegierter zurückkehren wollte – und ich selbst habe den Posten bekommen, weil ich ein gutes politisches Lied singen konnte. Niemand von uns war aus Erfahrung oder von der Ausbildung her dazu berufen, einen guten Indianer-Agenten abzugeben.«

Es gab verschiedene Gründe, die den Posten unattraktiv machten: Es waren Unfähigkeit und Korruption, es war aber auch der Frust über das Fehlen von Mitteln, das Ausbleiben genauer Instruktionen, die ständigen Streitigkeiten mit dem Militär – abgesehen einmal von den üblichen Schwierigkeiten mit den so genannten Schutzbefohlenen. Sogar die verbale Verständigung stellte eine hohe Hürde dar. Alles musste vom Englischen ins Spanische und vom Spanischen ins Navajo übersetzt werden. Die Navajos lasen aus den Botschaften heraus, was ihnen gefiel – und missachteten den Rest.

Die Behörden in Washington standen auf dem Standpunkt, dass die Indianer endgültig zur Räson gebracht worden seien, dass die Präsenz des Militärs in Fort Defiance jede Auflehnung im Keim ersticken würde, dass auch die Navajos auf den Weg in die Zivilisation gebracht werden konnten. Der Anfang sollte einmal mehr mit einem Vertrag mit den Anführern gemacht werden. Doch die beriefen sich mit Recht darauf, dass sie ihre jungen Männer nicht kontrollieren konnten.

Diese jungen Männer pflegten die lieben, alten Traditionen und übten sich weiter in Überfällen. Wenn die böse Nachricht von einem solchen Überfall Fort Defiance erreichte, beauftragte der dortige Kommandeur kleine Kavallerie-Abteilungen mit der Aufgabe, die Übeltäter ausfindig zu machen, festzunehmen und der Gerichtsbarkeit zu überstellen. Aber die Pferde der US Army taten sich schwer in dem felsig-bergigen Gelände; die Soldaten waren ortsunkundig und mit den Taktiken der Rothäute nicht vertraut. Wenn die Kavalleristen den Ort des Geschehens erreichten, dann waren die Navajos oder die übrigen Indianer mit ihrer Beute – buchstäblich – längst über alle Berge oder waren bereits intensiv damit beschäftigt, eine andere weit entfernte Ranch, ein anderes Pueblo zu überfallen.

Aufgebrachte Bürger bombardierten die Behörden mit berechtigten Beschwerden. Die Situation war unsicherer und miserabler als je zuvor.

*

Endlich erschien unter den Navajos ein Weißer, den sie respektierten und als ihren Freund betrachteten. Sie nannten ihn »Red Shirt«; sein wirklicher Name war Henry Dodge. Er war Ex-Captain der Kavallerie und einer, der den Indianern nicht nur Verständnis, sondern ihnen auch Sympathie entgegenbrachte. Dodge residierte nicht in Fort Defiance, sondern in gehörigem Abstand von der Anlage – ein unmissverständliches Zeichen für die Indianer, dass er sich vom Militär distanzierte.

Als er als erste Amtshandlung Güter des US-Senats als »Geschenke« an die Navajos verteilen wollte, gab es Schwierigkeiten. Der Ort der Zeremonie sollte der Red Lake sein. Doch die Rothäute unter ihrem Anführer Long Earrings hatten angeblich ein Rumoren unter der Wasseroberfläche des Sees gehört. Für sie kamen die Laute von einem wütenden, gefährlichen Wassermonster, das auf dem Grund des Sees lebte. Sie weigerten sich standfest, sich dem Ufer des Gewässers zu nähern.

Doch Dodge, alias Red Shirt, ließ sich nicht beeindrucken: Er zog sich aus, stieg ins Wasser, schwamm ans andere Ufer und wieder zurück, ohne dass ihm ein Haar gekrümmt worden wäre. Die Indianer waren beeindruckt und näherten sich ebenfalls – wenn auch mit aller gebotenen Vorsicht – dem Ufer.

Dann kam der große Augenblick, als silbern schimmernde Kochtöpfe, als Knäuel von blankem Kupferdraht ausgeladen wurden, aus dem sich trefflich Armbänder und andere Schmuckstücke herstellen ließen. Dem folgten Ballen von bunten Baumwollstoffen zum Anfertigen von Kleidern. Die jungen Krieger gerieten wie üblich außer Kontrolle: Sie rollten den Kupferdraht auf, banden sich die Enden der Stoffballen an ihre Steigbügel und galoppierten davon. Sie sprangen ab und wälzten sich in den Stoffen. Sie bewarfen sich mit den Kochtöpfen und zerbeulten sie mutwillig.

Schließlich griff Long Earrings ein: »Wenn wir uns weiter so unvernünftig benehmen, dann werden bald sogar Bäume und Steine aufstehen und uns bekämpfen. Wir werden über die Straße der Weißen ins Unbekannte verschleppt werden, und nur die Coyoten werden zurückbleiben und um die Felsen heulen. Aber ich werde dann nicht mehr unter euch sein.«

Captain Dodge schrieb die erste Ladung von Geschenken ab und orderte eine weitere. Diesmal verstanden die Navajos und verwüsteten nicht mehr die Gaben des weißen Mannes. Der wichtigste Import von Red Shirt jedoch war immateriell. Das »Geschenk« kam in der Gestalt eines mexikanischen Grobschmieds. Dieser Mann zeigte den Navajos, wie man aus Roheisen Messerklingen, Zaumzeug und Beile herstellte. Als die Navajos begannen, sich interessiert und geschickt in der Schmiedekunst zu üben, engagierte Dodge auch noch einen Silberschmied für die feineren und dekorativeren Arbeiten aus edlerem Metall.

All die Dinge, die sie ab jetzt selbst fabrizieren konnten, brauchten sie künftighin nicht mehr zu stehlen, erklärte ihnen Red Shirt. Nicht alle Navajos hielten sich daran, doch ein weiterer Grundstein zur künftigen ökonomischen Selbständigkeit und Prosperität des Volkes war gelegt.

Doch nach vier Jahren fand »Red Shirt« Captain Dodge ein Ende wie so mancher Navajo vor und auch nach ihm: Auf einem Jagdausflug fiel er einer marodierenden Gruppe von Apachen in die Hände und wurde von diesen getötet.

Die Agenten, die nach ihm kamen, waren wie die zuvor: Ihre Tätigkeit erschöpfte sich in Zusammenkünften, Berichten an die Regierung, in Versprechungen. Sie waren manchmal guten Willens, aber unfähig. Andere waren korrupt, desinteressiert, besaßen kein Ohr, die Indianer zu verstehen. Oder sie waren Militärs, die gewohnt waren, Befehle zu geben und Befehlen zu gehorchen, ohne nach deren Sinn zu fragen.

*

Die Lieblingsspielzeuge der roten Männer waren immer noch die Pferde, und sie sollten es bleiben. Die Schafe und Ziegen, die Feldfrüchte und Obstbäume, später auch die Rinder gehörten den Frauen. Aber um den Tabak und die Ponys kümmerten sich die Männer. Ein erfolgreicher Pferdedieb galt immer noch wesentlich mehr als ein anerkannter Schafzüchter.

Wer einem Navajo die Pferde raubte, raubte nicht nur seinen Besitz, sondern auch seinen Stolz.

Der Streit entstand um Fort Defiance, dem »Grünen Platz zwischen den Felsen« im Navajo-Sprachgebrauch. Hier befand sich ein traditioneller Weidegrund der Dene, der auch eine gute, klare Quelle aufwies – im trockenen Südwesten eine wertvolle, hoch geschätzte Gabe Gottes. Aber die US-Amerikaner brauchten ebenfalls Wasser für Mensch und Tier. Sie belegten den Ort mit Beschlag. Die Navajos kümmerten sich nicht um das Verbot, ihre Reittiere dort weiter grasen zu lassen. Als sie die Tiere trotz mehrfacher Aufforderung immer noch nicht weggetrieben hatten, erschossen die US-Amerikaner 60 Navajo-Ponys.

Das war eine Schmach, die nur durch Blut wieder gutzumachen war. Prompt schoss ein Navajo-Bogenschütze aus dem Hinterhalt einen Pfeil ab und traf den schwarzen Burschen des Kommandanten in den Rücken.

Wieder wurde Long Earrings herbeigerufen, um den Vorfall zu begrenzen und die Angelegenheit nicht weiter eskalieren zu lassen. Long Earrings wollte Frieden mit den blauberockten Soldaten. Er bot an, für den Schwarzen - in seinen Augen ein Sklave, den man wie eine Ware behandeln konnte - einen noch zu verhandelnden Preis zu bezahlen. Das war ein großzügiges Angebot. Es war nicht einmal die Rede davon, dass für die erschossenen Pferde vonseiten der US-Amerikaner auch nur eine nominelle Kompensation zu entrichten gewesen wäre.

Nach dem Rechtsverständnis der Navajos konnte ein Mord oder ein Totschlag gesühnt werden, indem eine hohe Zahlung geleistet oder aber ein Verwandter des Mörders oder dieser selbst getötet wurde. Da es sich bei dem Opfer aber »nur« um einen »Sklaven« handelte, wäre eine materielle Kompensation angebracht gewesen.

Der Kommandant lehnte ab und verlangte die Auslieferung des Bogenschützen innerhalb von 20 Tagen. In seinen Augen war der Mann ein Mörder. Das verwunderte und verwirrte die Navajos. Statt den Schuldigen auszuliefern, töteten sie einen ihrer eigenen Sklaven, einen Mexikaner, und schleppten die Leiche in das Fort. Nach ihrem Verständnis war damit die Tat gesühnt. In den Augen der Weißen aber hatten sie eine neue Gemeinheit beziehungsweise ein neues Verbrechen begangen.

In der Folge töteten die Amerikaner sechs Navajos - Unschuldige, die mit den beiden Taten nicht das Geringste zu tun hatten - und führten mehrere Strafexpeditionen tief in das Navajo-Land hinein. Ihre Scouts waren wie üblich christliche »Enemy Navajos« oder Zuni, die ohnehin mit ihren Widersachern noch das eine oder andere Hühnchen zu rupfen hatten.

Als wesentlich schlimmer jedoch empfanden die Navajos die Tatsache, dass ihre alten Feinde im Norden, die Ute, gegen sie im Auftrag der US Army ebenfalls als Scouts ins Feld zogen. Die Ute spürten die Schlupfwinkel der Navajos auf, oder aber sie führten die US-Soldaten so, dass sie die Absichten der Navajos durchkreuzten und, gewollt oder ungewollt, deren Raids auf Pueblo und auf die Ranches der Mexikaner verhinderten.

Der lange Marsch in die Verbannung nach Bosque Redondo

Kit Carson, die spätere Nemesis der Navajos, war seinerzeit Indianer-Agent bei den Ute. Er war einer der vielen so genannten Helden dcs damals noch wirklich wilden Westens. Geboren im Jahre 1809 in Kentucky, war er als 15-Jähriger von zu Hause ausgerissen und hatte sich einer Gruppe von Händlern auf dem Weg nach Santa Fé angeschlossen. Damit begann seine Karriere als »Western Hero«. Die nächsten 15 Jahre ließ er sich den Wind der Wildnis um die Nase wehen; er schlug sich als Trapper, Trader und Guide durch.

Man kann Kit Carson manches vorwerfen, aber während dieser Zeit wuchsen in ihm sowohl die Kenntnis wie auch das Verständnis der Handlungsweise und Psyche der Indianer. Er sah in ihnen allerdings nicht die edlen Wilden, sondern - ebenso wie die Weißen, die unter ihnen oder in ihrer unmittelbaren Nachbarschaft lebten - Menschen einer anderen Kulturstufe, mitten im Umbruch und Überlebenskampf. Kit Carson galt als fair, doch seine Fairness war gepaart mit Härte bis zur Rücksichtslosigkeit. Seinen Auftraggebern gegenüber war er loyal bis ins Mark.

Ins nationale Interesse war Kit Carson als Teilnehmer an John Fremonts Expeditionen gerückt, die während der Jahre 1842 bis 1844 den Westen erkundet hatten. Unterwegs mit den Berichten von Fremont auf dem Rückweg nach Washington, war Carson mit General Stephen Kearney zusammengetroffen. Kearney hatte sich die Dienste, Kenntnisse und Erfahrungen dieses bemer-

Kit Carson

kenswerten Mannes bei seinen Feld- und Eroberungszügen in die damaligen mexikanischen Provinzen Nuevo Mexico und California gesichert.

Kit Carson konnte sich mit den Indianern zumindest in der Zeichensprache verständigen und verstand ihre Denkweise wie kaum ein Zweiter. Wenn einzelne Stämme und Völker sich gegenseitig die Pferde wegstahlen, sorgte »Father Kit« dafür, dass die geraubten Tiere zurückerstattet wurden, ohne dass Blut vergossen wurde und ohne dass sich eine Kettenreaktion von weiteren Untaten anschloss. Dass er dabei »seine« Ute bevorzugte, das verstand jeder Navajo, auch wenn es zu seinen Lasten ging. Für sie war Kit Carson ein Mann mit einem »roten Herzen und einer weißen Haut«, auch wenn er später zu ihrem schlimmsten Widersacher werden sollte.

*

Für die Navajos war die Situation ein unerträglicher Zustand. Die Ute bedrängten sie im Norden, die US-Amerikaner im Süden, die Comanchen im Osten. Sie überlegten, Fort Defiance anzugreifen und auszuräuchern. Aber das war aus internen Gründen nicht einfach. Noch nie hatten die einzelnen Gruppierungen der Nation zusammengearbeitet. Jetzt sollte von langer Hand geplant eine Truppe zusammengestellt, sollte ein Unterführer und ein Kommandeur gefunden werden, damit der Angriff Erfolg versprechend vorgetragen werden konnte. Das Problem wurde in vielen sich nächtelang hinziehenden Palavern erörtert. Die prominenten Männer berieten sich in so manchem Council.

Long Earrings plädierte wie üblich für Frieden. Ganado Mucho, der »Besitzer vieler Rinder«, hatte sich auf seine Seite geschlagen – er fürchtete um seinen beträchtlichen Besitz. Auf der anderen Seite standen Manuelito und der bärtige Barboncito.

Das Zünglein an der Waage schien Herrero zu sein, der mexikanische Schmied, der inzwischen im Fort lebte. Herrero sollte auskundschaften, welchen Abschnitt die einzige Kanone des Forts bestreichen konnte – denn vor diesem »Donnerwagen« hatten die Navajos die größte Angst. Doch Herrero vermochte sich trotz guten Willens kein klares Bild zu machen. Darüber hinaus konnte er nicht mit Sicherheit sagen, auf welche Seite sich der Navajo-Wächter, der im Dienste der US-Amerikaner stand, schlagen würde.

Der Wächter sollte es mit den Weißen halten, als die Navajos trotz alledem angriffen. Er bemerkte sie rechtzeitig, schlug Alarm. Die Kanone spie in rascher Folge ihre Tod und Verderben bringenden, die Angreifer einschüchternden Ladungen. Die Navajos stoben auseinander. Der Angriff war gescheitert. Ein einziger Soldat hatte sein Leben verloren; ein Pfeil hatte ihn mitten ins Herz getroffen.

Die Navajos erwarteten fürchterliche Rache. Sie zerstreuten sich in alle Winde, trieben ihre Herden in die unzugänglichsten Verstecke und die tiefsten Canyons. Derweil marschierte General Canby durch ihr Land, der allerdings nichts anderes im Sinn hatte, als Frieden zu schließen mit den wenigen Navajos, die er überhaupt antraf. Sie konnten nicht wissen, dass in den USA der Bürgerkrieg vor der Tür stand und dass die Army vor anderen, ungleich bedeutenderen Aufgaben stand, als sich mit einer Hand voll kaum zu fassender Indianer herumzuschlagen.

Statt das Opfer furchtbarer, blutiger Rache zu werden, sahen die Navajos mit ungläubigem Erstaunen zu, wie die US Army mit klingendem Spiel und wehenden Fahnen aus Fort Defiance abzog. Es sollte nicht lange dauern, und New Mexico war wieder das, was es vor dem Eintreffen der US-Amerikaner gewesen war: ein Schlachtfeld ohne klare Fronten, in dem sich Pueblo, Ute, Apachen, Comanchen, Mexikaner und Navajos gegenseitig das Vieh stahlen, sich untereinander massakrierten. Es gab nur einen einzigen Unterschied: Inzwischen mischten auch US-amerikanische Rancher und Desperados ihre Karten in das kaum noch übersichtliche, chaotische Spiel mit ein.

Hinzu kamen private Streitereien. Mancher Rancher und Geschäftsmann nutzte die Gelegenheit, seinem Konkurrenten eins auszuwischen, sich innerhalb und außerhalb der Legalität seine Taschen zu füllen.

*

In jenen turbulenten Zeiten erschien eine Gruppe von Weißen bei den Zuni. Sie erklärten, sie würden ins Navajo-Land ziehen, um die Feinde der Zuni für zuvor begangene Untaten zu bestrafen. Da sie sich allein zu schwach fühlten, verlangten sie Hilfestellung dieser Pueblo, die selbst am meisten unter ihren traditionellen Widersachern gelitten hatten und immer noch litten. Die Zuni ließen sich auf das Vorhaben ein, sie vergrößerten und verstärkten mit ihren Leuten die Streitmacht der Weißen. Während sie gemeinsam nach Norden ritten, kam ihnen ein einzelner Reiter entgegen. Es war der Navajo Long Earrings, leicht zu identifizieren an dem Schmuck, mit dem er über und über behängt war. Der *Rico* Long Earrings besaß eine große Reputation als Friedensstifter und Mann des Ausgleichs.

Einer der Zuni erkannte ihn von weitem an den in der Sonne blitzenden Silberknöpfen und wollte ihn warnen. Doch Long Earrings bemerkte nicht die Gefahr, oder er negierte sie - bis aus der gemischten Gruppe der Zuni und der Weißen ein Musketenschuss fiel. Spätestens jetzt musste der Navajo reagieren. Er spannte seinen Bogen und schoss vier Pfeile in Richtung der Angreifer ab, so berichtet die Legende. Vier ist die magische Zahl der Navajos; sie spielt in jeder ihrer Mythen eine mehr oder weniger bedeutsame Rolle.

Ob das wirkliche Geschehen so ablief, wie die Sänger es später schilderten, ist allerdings unwahrscheinlich.

Die Alten berichteten, dass der erste der vier Pfeile einen Gegner in die Brust, der zweite einen anderen in die Gurgel, der dritte einen nächsten in den Mund und der vierte einen weiteren der Feinde ins Ohr traf. Jedes der vier Geschosse war tödlich. Dann wendete Long Earrings sein Pferd, galoppierte davon, während er weitere Pfeile über seine Schulter hinweg von der Sehne schnellen ließ. Doch sein Pferd stolperte über eine Baumwurzel und warf ihn ab. Die Feinde kamen näher, aber Long Earrings konnte sich im Kugelhagel in eine ausgewaschene Rinne retten. Von hier aus schoss er einen Pfeil nach dem anderen auf seine Gegner ab, bis der letzte seinen Bogen verlassen hatte. Jetzt trauten sich die Weißen und die Zuni näher heran und feuerten mit ihren Musketen auf den wehrlosen Navajo, bis dieser kein Lebenszeichen mehr von sich gab.

Danach skalpierten sie ihn und ließen einen Hagel von Steinen über dem Leichnam niedergehen, bis alle seine Knochen gebrochen waren und sich ein Geröllhügel über ihm erhob. Dann ritten sie weiter.

Danach fand sich unter den Navajos kein prominenter Friedensstifter mehr. Der Einzige, der in Long Earrings

Fußstapfen hätte treten können, war Caballada Mucha, der Besitzer großer Pferdeherden, doch der war zu sehr mit seinen eigenen Angelegenheiten beschäftigt. Das bedeutete, dass kein Mann von Einfluss die jungen, wilden, prestigehungrigen Krieger mehr zurückhielt. Zusammen mit ihren einstigen Brüdern, den Apachen, machten sie New Mexico zu einem unsicheren, gefährlichen Pflaster. Sie fürchteten sich nicht einmal, Ortschaften in der direkten Umgebung von Santa Fé anzugreifen, Vieh wegzutreiben und Menschen, die sich ihnen in den Weg stellten, umzubringen.

Als 1862, im Zuge des Bürgerkrieges, eine Streitmacht der Konföderierten oder Südstaatler auf dem Schauplatz erschien und, den Rio Grande aufwärts marschierend, Albuquerque und Santa Fé besetzte, hielten die Navajos sich wohlweislich zurück, und die übrigen Menschen konnten kurz durchatmen. Doch dann zogen die Südstaaten-Soldaten nach ihrer Niederlage bei Glorieta wieder ab. Die Navajos und ihre Komplizen, die Apachen, fanden einmal mehr keinen ernst zu nehmenden Gegner, der sich ihnen bei ihren Raubzügen und Überfällen erfolgreich hätte in den Weg stellen können.

Endlich griff die Regierung ein und beauftragte General Carleton, Recht und Ordnung wieder herzustellen. Carleton wandte sich zuerst gegen die Apachen und gab den Befehl aus, rücksichtslos jeden Krieger dieses Volkes zu töten, wann und wo er auch immer gestellt würde. Nur Frauen und Kinder sollten geschont, aber in die Gefangenschaft geführt werden.

Die Umsetzung dieses brutalen Auftrages war so schwierig wie erwartet: Nicht einmal die mächtigen US-Amerikaner vermochten einen Apachen umzubringen, bevor sie ihn hatten. Sie zu stellen war ebenso schwierig, wie einen Ochsen zur Karnickeljagd abzurichten - so drückte es ein US-Offizier aus.

Doch die Aussicht, von den US-Amerikanern bekämpft zu werden, beeindruckte und beunruhigte die Navajos. Sie schickten eine Abordnung von 18 prominenten Männern zu General Carleton.

»Wir wollen einen Vertrag abschließen«, erklärten die Delegationsmitglieder.

»Warum das?«, antwortete der General.

»Damit wir danach in Frieden leben können.«

»Ganz einfach: Geht nach Hause, kümmert euch um eure eigenen Angelegenheiten, unterlasst eure Räubereien. Der Frieden wird sich dann unverzüglich einstellen, ohne dass ein umständlicher Vertrag abgeschlossen werden muss. Erinnert euch, alle in der Vergangenheit abgeschlossenen Verträge sind von euch gebrochen worden!«

Der Weiße hat gut reden, sagten sich die prominenten Navajos. Sie selbst verfügten über genügend Reichtum und Einfluss, aber die jungen Männer wollten es ihnen gleichtun, und der einzige Weg für sie, all das in kurzer Zeit zu erreichen, waren wie eh und je Raub, Mord und Plünderung. Und - so mögen sich die Alten gefragt haben - waren sie in ihren jungen Jahren nicht selbst auf dieser Fährte gefolgt? Hatten sie nicht ebenfalls mit Gewalt, Diebstahl und Totschlag die Grundlage für Besitz und Ansehen gelegt?

Die andere Methode, auf friedlichem Weg durch zähen Fleiß, im Konsens mit dem übrigen Clan und unter Beachtung der Ratschläge der Alten und Etablierten, zu einer auch von anderen umworbenen Frau, zu Besitz und Ansehen zu gelangen, der schien den jungen unruhigen Leuten viel zu beschwerlich, zu langsam, zu unsicher. Dieser Weg war auch in den Augen der Unbeteiligten nicht attraktiv.

Verträge, Verträge, Verträge! Verträge waren für die Navajos nichts weiter als eine Gelegenheit für großen Pomp und Palaver, einhergehend mit der Chance, Geschenke einzuheimsen oder sich einen Vorteil zu verschaffen gegenüber einem Gegner, dem man nicht anders beikommen konnte.

Umgekehrt waren für Carleton diese Navajos nichts anderes als Wilde, »denen man nicht weiter trauen kann als den Wölfen, die in ihren Bergen herumlaufen«.

*

Nach Ansicht des Generals gab es keine andere Lösung, als die Navajos aus ihren Bergen, den Mesas und Canyons herauszutreiben, sie mit Mann und Maus und ihren Herden »umzusiedeln« an einen sicheren, weit entfernten Ort, von dem aus sie keine Möglichkeit mehr hatten, Unheil zu stiften und die ohnehin schon arg gebeutelten Haziendas und Ranches in New Mexico weiter zu drangsalieren. Dort in der Gefangenschaft oder im Reservat, wie auch immer die politisch korrekte Bezeichnung für die Internierung sein würde, müssten sie mit Regierungsmitteln ernährt, angeleitet und letztendlich gezwungen werden, sich zu wenigstens halbwegs reputierlichen Menschen zu mausern. »Es ist billiger, sie durchzufüttern, als sie zu bekämpfen«, schloss Carleton seine Überlegungen.

Vor allem die weißen US-amerikanischen Neusiedler und alteingesessene Mexikaner stimmten Carleton begeistert zu. Doch woher die Truppen nehmen, die jetzt während des Bürgerkrieges an allen möglichen anderen

Fronten kämpften? Die einzige Möglichkeit war, Freiwillige aus den eigenen Ressourcen - aus New Mexico - auszuheben, sie für die Lösung dieser Aufgabe heranzuziehen und zusätzlich Hilfskräfte unter den traditionellen Feinden der Navajos anzuheuern. Das sollten - wie üblich - vor allen anderen Ute, Hopi und Zuni sein.

Den altgedienten Militärs grauste es allein schon bei dem Gedanken, diese vorzugsweise mexikanischen Vaqueros, Farmhelfer, Dienstboten und halb wilde Indianer in kurzer Zeit zu einer schlagkräftigen Truppe zu formen. Der überwiegende Teil der Rekruten bestand aus friedlichen Menschen, die noch nie eine Schusswaffe in der Hand gehalten hatten. Aus diesen harmlosen Typen bedingungslos und effektiv kämpfende, jedem Befehl gehorchende Soldaten zu machen, schien schlicht unmöglich. Diese Leute würden sich nicht ohne weiteres in »die Schlacht werfen« lassen. Wenn ihnen ein Befehl zu unsinnig oder eine Aufgabe als zu gefährlich erschien, dann würden sie ihre Waffen wegwerfen und schlicht nach Hause gehen. Das hatten sie in der Vergangenheit bereits mehrfach so gehalten.

Carleton wandte sich an Kit Carson. Carson war Colonel, das heißt Oberst und Befehlshaber, in einem Freiwilligen-Regiment geworden. Man hatte es ursprünglich aufgestellt, um die Konföderierten aus New Mexico herauszuhalten, und diese Aufgabe hatte es mit der Hilfe der regulären Unionstruppen der Nordstaaten erfüllt. Wenn einer mit einem solch undisziplinierten, unterbezahlten und nicht einmal ordentlich uniformierten Haufen etwas anfangen konnte, dann war es der alte Grenzer.

Kit Carson fand die richtigen, knappen Worte. Er war anerkannt, eine charismatische Persönlichkeit und besaß die Autorität der großen indianischen Häuptlinge. Er überzeugte durch das eigene Beispiel und zwang seine Männer – wollten sie nicht als verachtenswerte Feiglinge dastehen – ihm zu folgen. Er war auch der Mann, dem die Ute, Hopi und Zuni vertrauten, dem sie begeistert folgten, wenn es gegen die ihnen verhassten Navajos ging.

Doch die Unruhestifter waren nicht allein die Navajos. Auch Apachen, Comanchen, Ute und Kiowa rissen sich um die Beute. Erfolgreiche Raids sprachen sich herum. Wer nicht raubte, verlor an Prestige, an Ansehen, blieb ein armer Schlucker.

Kit Carson brauchte einen ersten Erfolg in der »Befriedung« der »wilden, ungezähmten Horden«, damit auch die nicht direkt Betroffenen sahen, dass mit ihm nicht gut Kirschen essen sei. Als Erstes wandte sich Carson gegen die Mescalero-Apachen. Schon nach einigen wenigen, eher unbedeutenden Gefechten kam der Häuptling Ready dieses zuvor kaum zu bändigenden Stammes zu dem alten Grenzer, überreichte ihm sein Gewehr und sagte: »Ihr seid stärker als wir... Macht mit uns, was ihr für richtig haltet, aber vergesst nicht, dass wir tapfere Männer sind.«

Diese Einstellung war typisch für das Verhalten der Indianer auch im Südwesten. Sie kämpften keinesfalls im Sinne der germanischen Kriegermythen, für die es angeblich nur eine Alternative gab: Sieg oder Untergang. Für sie regierte die schlichte Vernunft, die ihnen vorschrieb, dass das schiere Überleben, unter welch üblen Umständen auch immer, wichtiger und weniger schlimm war, als sehenden Auges in den Tod zu rennen. Das bedeutete nicht, dass es auch in den Kämpfen zwischen Indianern und Weißen nicht unzählige Beispiele von Tapferkeit und Tollkühnheit aufseiten der Roten gab. Doch diese Männer waren nicht wie die weißen Soldaten darauf gedrillt, stumpfsinnige Befehle zu befolgen, die sie in vielen Fällen offenen Auges in den Tod marschieren ließen.

*

Es ist nicht bekannt, was Kit Carson dem Mescalero-Häuptling Ready geantwortet hat. Carson führte seine Befehle aus. Die Mescaleros wurden zusammengetrieben, und Männer, Frauen und Kinder im März 1863 nach Bosque Redondo in Marsch gesetzt oder deportiert. Dort lag am Pecos River, in der im Sommer glühendheißen und im Winter bitterkalten, tischebenen und knochentrockenen Ödnis des Llano Estacado, eine kleine, grüne Flussoase und in ihrer Mitte ein Fort der US Army, das später einmal den Namen Fort Sumner erhalten sollte. Hier sollten die 400 gefangen genommenen Apachen gezähmt, sesshaft gemacht und von freischweifenden Jägern und Räubern in friedliche Ackerbauern verwandelt werden.

Schon im Juni des Jahres 1863 war Kit Carson wieder bereit, es diesmal mit den Navajos aufzunehmen. Sein Freiwilligen-Regiment hatte eine Mannschaftsstärke von knapp 750 Leuten und galt als Kavallerie-Abteilung, auch wenn von den neun Kompanien nur drei komplett beritten waren. Die Soldaten wurden in dem wieder hergerichteten Fort Defiance stationiert. 300 weitere Soldaten wurden nach Fort Wingate in Marsch gesetzt, einer neuen Anlage, die mit kalifornischen Freiwilligen bemannt war. Fort Wingate hatte die Aufgabe, als Relaisstation bei der zu erwartenden Deportation der Navajos zu dienen.

Kit Carson, der sich anfangs dagegen gewehrt hatte, gegen die Navajos zu kämpfen, hatte schließlich auf das Betreiben Carletons nachgegeben und kalkulierte seine Chancen. Sie standen nicht sonderlich gut. Er hatte zwar

Navajo-Führer Manuelito

rund 750 Mann zur Verfügung, doch nicht einmal die Hälfte verfügte über Pferde, alle waren schlecht ausgebildet, schlecht ausgerüstet, schlecht verpflegt. Das bedeutete, dass er mit einer mobilen Kerntruppe von nicht einmal 400 Mann rund 10 000 oder gar 12 000 Navajos, die im weiten Land zwischen der kontinentalen Wasserscheide und dem Grand Canyon des Colorado herumzogen, aufspüren, wenn nötig bekämpfen, zusammentreiben und dann deportieren musste.

Inzwischen war Manuelito zu einem ihrer einflussreichsten Anführer geworden. Er war ein großer, blendend aussehender, muskulöser Mann und einer der »Falken« seines Volkes. Die ersten Vorschläge der Weißen, auf »friedlichem Wege« deren »Umsiedlungsplänen« nachzugeben, lehnte Manuelito kategorisch ab.

Aber auch die »Tauben« Delgatido und Barboncito schreckten vor der Aussicht zurück, ihr Stammland verlassen zu müssen und stattdessen künftighin in der unbekannten, unfruchtbaren Ebene am Pecos River zu siedeln.

Davon unbeeindruckt, stellte General Carleton ein harsches Ultimatum. Er ließ den prominenten Navajos und ihren Anhängern mitteilen: »Ihr habt Zeit bis zum 20. Juli 1863, euch an einem Sammelplatz einzufinden. Nach diesem Datum wird jeder Navajo, der in unser Blickfeld gerät, als Feind betrachtet und entsprechend behandelt werden. Dazu gehört auch ihr und alle, die sich im Augenblick als friedlich bezeichnen. Die Tür steht jetzt noch offen. Am 20. Juli wird sie geschlossen werden.«

*

Kit Carson, einmal auf seine Aufgabe eingeschworen, ließ alle Emotionen und Bedenken beiseite und widmete sich ihr mit der ihm eigenen Effektivität und Rücksichtslosigkeit. Sein erstes Ziel war, die Lebensgrundlage des zu unterwerfenden und zu deportierenden Volkes zu zerstören. Carleton hatte veranlasst, dass seinen Leuten, den Hilfstruppen und allen verbündeten Indianern eine verlockende Prämie in Aussicht gestellt wurde: 20 Dollar für jedes eingefangene Pferd oder Maultier der Navajos, einen Dollar für jedes Schaf. Von diesen lukrativen Aussichten angestachelt, begann eine erbarmungslose Jagd. Pueblo, Hopi, Ute, Apachen, Mexikaner, US-Amerikaner - alle beteiligten sich.

Carsons Soldaten marschierten und ritten sechs Monate lang, von der heißen Jahresmitte bis in den tiefen, kalten Winter hinein, kreuz und quer durch das Navajo-Land. Trotzdem kam es zu keiner offenen Feldschlacht. Die Navajos lebten in kleinen Gruppen, oft ohne irgendeine Kommunikation untereinander. Das verminderte die Gefahr für die US-Amerikaner, von einer überlegenen Streitmacht überraschend angegriffen zu werden, verhinderte aber auch einen schnellen, durchschlagenden Erfolg, weil die Verfolgten ihnen immer wieder entwischten. Die Navajos konnten zwar - zumindest vorläufig - ihr Leben oder ihre Freiheit retten, aber ihren Besitz mussten sie dem Feind überlassen.

Die Soldaten vernichteten die Ernten und fällten die Obstbäume; sie trieben die Schafe weg, töteten die Tiere, die sie nicht wegtreiben konnten, verbrannten die Hogans und brachen den Widerstand der wenigen Krieger, die sich ihnen entgegenstellten. Der damals schon unter den US-Amerikanern verbreitete »Bodycount« registrierte 78 gefallene Navajos. Die Verfolger gestatteten den Verfolgten nicht die geringste Pause. In ihrer Verzweiflung ließen die Männer mitunter ihre Frauen, manche Mütter ihre Kinder zurück. Es blieb ihnen keine Zeit, die wenigen noch verbliebenen Felder zu bestellen. Dem bekämpften Volk wurde die Existenzgrundlage entzogen.

Die Ute pfiffen auf die 20 Dollar Belohnung für die Ablieferung eines Pferdes und behielten stattdessen die Tiere lieber selbst. Die Pferde gliederten sie in ihren Besitz ein, weil auch der Reichtum und das Prestige eines Ute in der Anzahl seiner Pferde gemessen wurde. Zusätzlich raubten die Ute-Krieger Navajo-Frauen, wo und wann immer sie derer habhaft werden konnten. Diese Frauen standen bei ihnen hoch im Kurs, weil die meisten von ihnen inzwischen die Webkunst in Perfektion beherrschten – eine Kunst, von der die Ute-Frauen nicht die geringste Vorstellung hatten.

Als einer seiner Offiziere Kit Carson auf den Menschenraub aufmerksam machte, antwortete dieser knapp, er müsse seine Verbündeten für ihre Mühen entschädigen. Pferde allein seien nicht genug. Doch als Hilfstruppen der Ute nach ihren Maßstäben genug Pferde und Frauen geraubt hatten, quittierten sie die Dienste der US-Amerikaner und kehrten mit Ruhm und lebender Beute im Gefolge triumphierend in ihre heimatlichen Jagdgründe zurück. Die Hopi, die Zuni, die übrigen Pueblo ebenso wie die Mexikaner verhielten sich nicht menschenfreundlicher: Sie zerschmetterten so manchem Navajo-Krieger, der sich schon ergeben hatte, mit Gewehrkolben oder Kriegskeule den Schädel, töteten die Babys, die Alten, verkauften Frauen und Kinder in die mexikanische Sklaverei. Es war die Rache für eine jahrhundertealte Leidensgeschichte, für die sie in erster Linie die Navajos verantwortlich hielten.

*

Der härteste Schlag traf die Navajos im grimmig kalten Januar 1864, als Captain Pfeiffer (angeblich ein Schwede oder doch ein Deutscher?) mit seiner Abteilung – ohne auf nennenswerten Widerstand zu stoßen – durch ihr zentrales Stammland, den Canyon de Chelly, marschierte. Ein Unterfangen, das zuvor noch keinem Weißen gelungen war. Aber Pfeiffer war für diese »Heldentat« entsprechend motiviert, da er eine persönliche Rechnung mit den Indianern offen hatte: Apachen hatten bei einem Überfall seine junge Frau und seinen kleinen Sohn getötet und ihn selbst schwer verwundet.

Es war danach Captain Carey, der im Auftrag von Kit Carson die Pfirsichkulturen der Navajos zerstörte, die Maisfelder und Hogans verbrannte. Damit war ihnen ihre letzte Zufluchtsstätte genommen worden, und ihr Überlebenswille wich einer sich immer weiter ausdehnenden Verzweiflung und Resignation.

Bis März 1864 hatten sich 6000 Männer, Frauen und Kinder ergeben. Sie kampierten unter freiem Himmel, die meisten ohne Decken und der Unbill der Witterung schutzlos ausgesetzt. Aber sie bekamen immerhin etwas zu essen. Meist war es »etwas Weißes« und »etwas Schwarzes« – Weizenmehl und Kaffeebohnen – beides war ihnen unbekannt. Sie versuchten, das Mehl aus der hohlen Hand zu lecken, die Bohnen zu kauen. Sie warfen Mehl, Kaffeebohnen und die wenigen Stücke Schinkenspeck, die den Weg zu ihnen gefunden hatten, in einen Topf und mühten sich, das Ganze zu einer Art Stew zu verkochen. Vor allem mit dem Kaffee hatten sie ihre Probleme, bis ihnen mitleidige Soldaten erklärten, wie sie das Getränk zubereiten mussten.

Begleitet und bewacht von den Soldaten, wurden die ersten 2500 Männer, Frauen, Kinder mit ihren 3000

Schafen und Ziegen und mit 400 Pferden in das rund 500 Kilometer weit entfernte Bosque Redondo in Marsch gesetzt. 30 mit Ochsen bespannte Fuhrwerke transportierten die Verpflegung und die ganz kleinen Kinder, die Alten und die sehr Kranken. Es war der Beginn des strapazen- und tränenreichen, des unvergessenen »Long Walk«, des erzwungenen Exodus dieses Volkes. 200 von ihnen starben unterwegs.

Als sie den Mount Tailor, den südlichen Eckpfeiler und die Grenze ihres Heimatlandes passiert hatten, betraten sie gefährliches, fremdes Territorium, in dem nach ihrer Ansicht ihre Zeremonien jede Wirksamkeit verloren hatten. Damit waren sie den ihnen feindlich gesonnenen Geistern schutzlos ausgesetzt. Sie zogen durch eine endlose, heiße und staubige Ebene. Sie furteten schlammige Flüsse, die so tief waren, dass die Babys von den Ochsenkarren gespült und die Kinder von den Seitenwänden gerissen wurden, an denen sie sich festgeklammert hatten, und in den trüben Fluten versanken.

Als sie in der Ferne Albuquerque sahen, machten sich heimlich einzelne Frauen und Mädchen auf, angezogen von der Magie einer noch nie gesehenen Stadt. Prompt wurden sie von mexikanischen Sklavenhändlern aufgespürt, eingefangen und verschleppt.

Das Land, durch das sie zogen, war trocken, flach, heiß, schattenlos und abweisend. Es war der Llano Estacado der Spanier, durch den einst schon Coronado geritten war. Die Navajos fürchteten sich. Endlich erreichten sie Bosque Redondo.

*

Die restlichen Unglücklichen ihres Volkes folgten ihnen nach und nach. Auch für sie war es ein Weg der Leiden, der Schmerzen und für viele des Todes. Das Reservat, innerhalb dessen Grenzen vorläufig 7000 Navajos leben mussten, war rund 1000 Quadratkilometer groß; es wurde vom Pecos River durchflossen. An dessen Ufer erhob sich ein aus Adobe (Lehmziegeln) errichtetes Fort mit einer Besatzung von 400 Soldaten. Nur für wenige Navajos gab es Unterkünfte in halbverrotteten Militärzelten; die Übrigen mussten sehen, wie und wo sie unterkamen. Sie gruben sich als Unterschlupf flache Erdhöhlen, die sie mit dünnen Zweigen, Gras, Fellen und dergleichen abdeckten. An den Bau von Hogans oder ähnlichen festen Unterkünften konnten sie vorläufig nicht denken, denn erst 40 Kilometer weiter stromauf gab es ein entsprechendes Pappelgehölz, in dem die Männer die Stämme für den Bau ihrer Hütten schlagen konnten.

Die einzige feste Einrichtung für sie bestand vorläufig aus einem Corral, in den sie einzeln zur Zählung geführt wurden und in dem sie ihre Rationen - wieder Mehl, Schinkenspeck und Kaffeebohnen - erhielten.

Es gab nur einen einzigen Dolmetscher, der ihnen vermitteln konnte, was die Soldaten von ihnen wollten beziehungsweise was sie zu tun und zu lassen hatten. Es war der Mexikaner Jesus Arviso, der von den Ute in jungen Jahren geraubt und dann an die Navajos verkauft worden war. Dort hatte sich Jesus in das Volk integriert. Er besaß zwei Frauen, fühlte sich als Navajo und hatte sich mit den übrigen seiner »Stammesbrüder« den US-Amerikanern ergeben. Er übersetzte von Navajo ins Spanische. Unter den Soldaten gab es genug Männer, die diese Sprache beherrschten und das von Jesus Arviso Gesagte auch ins Englische übertragen konnten. Dass es bei dieser Prozedur zu allerhand Fehlern und Missverständnissen kam, zwangsläufig kommen musste, wurde in Kauf genommen.

*

Nicht alle Krieger hatten sich gestellt, manche waren zurückgeblieben und agierten nach wie vor so aggressiv und unverfroren, als hätte es keinen Feldzug der US-Amerikaner gegen sie gegeben. Am 9. April 1864 - der Gouverneur hatte gerade einen Dankgottesdienst angeordnet, weil angeblich die Bedrohung durch die Navajos mit Gottes Hilfe ein Ende gefunden hatte - erschienen sie am helllichten Tage vor dem Pueblo Laguna und stahlen 40 Stück Rindvieh. Doch das Fleisch war rasch aufgegessen, und auch diesen kühnen Desperados blieb nichts anderes übrig, als sich in Gefangenschaft zu begeben.

Immer noch fanden sich hungrige und abgerissene Navajos in der Nähe des Fort Defiance ein. Bis zum Ende des Jahres 1864 hatten sich 8 000 Navajos ergeben. Der Rest war ebenfalls nach Bosque Redondo in Marsch gesetzt worden. Nur Manuelito hielt sich mit 4 000 Anhängern in der zerklüfteten Landschaft versteckt. Selbst Kit Carson konnte ihn nicht aufspüren, geschweige denn zur Aufgabe zwingen. Erst im Herbst des Jahres 1866 gab auch Manuelito auf und stellte sich mit seinen letzten halb verhungerten Anhängern den US-Amerikanern.

*

Die geplante Evolution der Navajos, die eben erst den schwierigen Spagat vom Jäger und Sammler zum Hirten wenigstens teilweise geschafft hatten und nun auf fremder Erde zu sich selbstversorgenden Kolonisten werden sollten, geriet zum Desaster. Das Reservat verfügte kaum über ausreichend geeignetes Land, um eine solch beträchtliche Bevölkerung zu ernähren - selbst wenn es durch künstliche Bewässerung fruchtbar gemacht worden wäre. Auch wenn der Mais reifte, wurde er in letzter

Minute durch Überschwemmungen, Dürre, den Befall durch Insekten, Hagel oder andere Naturkatastrophen vernichtet. Die Navajos sahen in alledem das Werk der bösen Geister, die die Macht an sich gerissen hatten. Gegen deren böse Herrschaft waren sie hilflos, denn alle beschwörenden Zeremonien nutzten weitab der eigenen heiligen Erde nach ihren Vorstellungen überhaupt nichts.

Der Graswuchs reichte nicht aus, um die Ziegen und Schafherden durchzubringen. Die Überfälle der noch ungezähmten Comanchen und Kiowa dezimierten den wichtigsten, inzwischen auf einen Bruchteil des vorherigen Umfangs geschrumpften Besitzes der Navajos weiter. Aber die Navajos schlugen zurück. Sie verfolgten die Comanchen, und es gelang hin und wieder, diesen die Beute abzujagen oder sogar einige von deren Pferde zu erbeuten. Das war zumindest ein bisschen Thrill, Abwechslung und ein Erfolgserlebnis in der nervtötenden Langeweile des trüben Daseins im Reservat.

Immer wieder musste die Regierung oder das Militär eingreifen, um die Menschen vor dem Hungertod zu bewahren. Geschwächt durch Unterernährung und den Witterungseinflüssen meist schutzlos ausgesetzt, fielen die Navajos der Tuberkulose, den Masern, der Lungenentzündung und anderen Krankheiten zum Opfer. Die Moral der Menschen sank. Frauen prostituierten sich und verbreiteten Geschlechtskrankheiten, mit denen sie sich bei den Soldaten der Garnison angesteckt hatten.

Im Winter fehlte es an Holz zum Heizen. Die wenigen Pappeln an den Ufern des Pecos River waren im Nu aufgebraucht.

Unfähigkeit, Betrug, Unterschlagung und Korruption der Verwaltung verschlechterten die Situation weiter. Von den 100 000 Dollar, die das Innenministerium für die

Navajos bereitgestellt hatte, kamen lediglich 30 000 bei diesen an. Dünne Decken, die auf dem freien Markt für vier oder fünf Dollar zu haben waren, wurden von der Regierung für 22 Dollar verkauft, was sich letztlich zu Lasten der Indianer niederschlug.

Der Zahlmeister des Forts wurde verurteilt, weil er Vieh von der regierungseigenen Herde an Zivilisten verkauft hatte; der Indianer-Agent wurde entlassen, weil er bei diesem Spiel mitgespielt hatte. Militär und Zivilverwaltung rieben sich aneinander; jeder versuchte, die auftauchenden Probleme dem Anderen in die Schuhe zu schieben.

General Carleton war kein Unmensch. Er verordnete seinen Soldaten in der Garnison zeitweilig sogar halbe Rationen, um mit dem Rest die schlimmste Not unter den Insassen des Reservats zu lindern.

Mescaleros und Apachen, die sich seit Generationen nicht grün waren und jetzt auf engem Raum zusammenleben mussten, stritten sich fortlaufend, bis endlich die Apachen genug hatten und heimlich aus dem Reservat flüchteten, um wieder in ihrer heimatlichen Bergwelt Zuflucht zu suchen.

Fehlschlag reihte sich an Fehlschlag. Es sollte eine Eigenverwaltung der Navajos aufgebaut werden, doch diese Menschen kannten keine Autorität, und sie erkannten auch keine als solche an. »Ein Mann, der denken kann – ein Mann, der sprechen kann – das ist der geborene Anführer«, sagen die Navajos. Doch solche Männer gab es in Hülle und Fülle. Endlich griffen die Weißen ein, wählten zwölf Prominente aus und machten sie zu Häuptlingen der zwölf wichtigsten Clans. Das war ein Anfang. Während der folgenden 50 Jahre sollten die Weißen bestimmen, wer Häuptling wurde und wer nicht.

Enthusiastisch-idealistische junge Priester bauten eine Schule in der Absicht, Navajo-Kinder zu unterrichten. Doch die Eltern weigerten sich, sich auch nur für Stunden von ihren Lieblingen zu trennen.

Frauen stahlen sich aus dem Reservat und arbeiteten in den Siedlungen der Umgebung als Prostituierte. Männer setzten sich ab und verschwanden spurlos. Es kam so weit, dass Pässe an die Navajos ausgegeben wurden, wenn diese das Reservat verlassen wollten. Die Kommandanten der benachbarten Forts bekamen die Anweisung, jeden Navajo zu hängen, den sie ohne Pass antrafen – soweit sie seiner habhaft werden konnten. Einige wenige ereilte das böse Schicksal, die meisten kamen durch.

General Carleton hatte gehofft, dass die Navajos nach dem Muster der Pueblo damit beginnen würden, in der Nähe ihrer Felder Adobe-Häuser zu bauen und hier am Pecos River endlich sesshaft zu werden. Aber in ihrem Herzen waren die Navajos nach wie vor Nomaden, die mit festen Behausungen wenig anzufangen wussten.

Das nächste Problem tauchte auf, als die Navajos begannen, die kleinen, runden Metallscheiben zu fälschen, jenes »Essensgeld«, das als Anrecht auf die Rationen benutzt wurde. Damit geriet der gesamte Verteilungsmechanismus durcheinander. Der Schmied Herrero mag seine Hand in diesem Spiel gehabt haben. Doch die Fälscherei hatte auch eine gute Seite: Die halb vergessene Saat der Silberschmiedekunst ging endgültig auf. Das Fälschen von »Essensmarken« erforderte Geschick und Kenntnisse, die später an die Silberschmiede weitergegeben und genutzt wurden.

Carletons Traumvisionen klangen im Nachhinein wie der blanke Zynismus: »Sie sind fürsorglich zu behandeln, ihre Kinder sind im Lesen und Schreiben zu unterrichten, insgesamt müssen ihnen die Kenntnisse des friedlichen Daseins beigebracht werden ... Dann werden sie neue Gewohnheiten annehmen, neue Ideen entwickeln, einem neuen Lebensstil frönen, und nach und nach wird aus ihnen ein zufriedenes Völkchen werden. Die Navajos werden die glücklichsten und in einer denkbar freundlichen Umgebung lebenden Indianer New Mexicos und vielleicht ganz Nordamerikas sein.« Diese Vorstellung eines Mannes, dem man gewisse gute Absichten nicht einmal absprechen konnte, zerplatzte wie eine bunte Seifenblase an der harten Kante der Realitäten.

Obwohl sich der General den Fehlschlag seines Konzepts nicht eingestehen wollte und in den letzten Monaten des Bürgerkriegs zur regulären Armee zurückversetzt wurde, eröffnete sich durch seine Ablösung die Möglichkeit einer Neuorientierung. Hinzu kam, dass im Frühjahr 1868 Barboncito, Manuelito und anderen prominenten Navajos eine Audienz in Washington beim »Großen Weißen Vater«, bei US-Präsident Andrew Johnson, gewährt wurde. Ihre dringende Bitte, in ihre einstige Heimat zurückkehren zu dürfen, »werde wohl wollend geprüft«, wie es in der Politik heißt.

Manchmal mahlen sogar dort die Mühlen erstaunlich schnell: Schon nach vier Wochen erschien eine Kommission in Bosque Redondo. Deren Mitglieder berichteten, dass sich die Navajos tatsächlich »in einem unbeschreiblichen Zustand von Armut und Verzweiflung« befanden.

Der neue Superintendent des Reservats schloss sich der Bewertung der Kommission an. Ein am 1. Juni 1868 abgeschlossener Vertrag bestätigte das Scheitern des Experiments. Die Navajo sollten jetzt nach Oklahoma, das schon einer Reihe anderer indianischer Nationen zur neuen Zwangsheimat geworden war, umgesiedelt werden. Doch sie weigerten sich, einem zweiten Exodus in ein noch ferneres Land zuzustimmen.

Endlich setzten 18 prominente Navajos ihr Kreuz unter einen Vertrag, in dem sie sich feierlich verpflichteten, in Zukunft weder benachbarte indianische Siedlungen noch mexikanische oder US-amerikanische Ranches zu überfallen. Als Vorausbelohnung für die gute Absicht wurde ihnen die Rückkehr in ihr Stammland gestattet.

*

Für die Navajos waren wieder einmal höhere Mächte, war Magie im Spiel. In ihren Überlieferungen war es He-Who-Runs-Forward, den die Weißen Barboncito nannten, der die entscheidenden Worte fand, mit denen er die Weißen überzeugen konnte. Dafür, so berichtet die Überlieferung, musste man einen Türkis, der zuvor mit weißem Blütenstaub besprenkelt worden war, unter seine Zunge legen. Doch dieser Blütenstaub durfte nicht direkt von einer Blume oder einem Grashalm kommen, sondern musste zuvor von einem lebenden Tier, am besten von einem schlauen Coyoten, abgestreift worden sein. Also ritten die Männer los, suchten und fanden einen Coyoten, in dessen Fell sich Blütenstaub angesammelt hatte. Sie umringten und fesselten ihn. Einer von den Männern zog den Türkis aus der Tasche und rieb ihn über das Fell des Coyoten.

Sie ritten zurück. Barboncito steckte sich ein Messer in seinen Gürtel und legte sich den Türkis unter die Zunge. Die übrigen prominenten Navajos folgten ihm in das Fort zu den Weißen.

Im Council-Haus zog He-Who-Runs-Forward sein Messer aus seinem Gürtel und warf es auf den Boden:

»Wenn ihr mein Volk noch weiter von seiner Heimat wegschicken wollt, dann ergreift dieses Messer und tötet mich auf der Stelle«, rief Barboncito.

Die weißen Häuptlinge wurden nachdenklich, als sie die große Geste sahen und die Worte des Navajo hörten. Sie sagten: »Versprecht ihr, niemals wieder die Kriegskeule zu schwingen, wenn wir euch in eure Heimat ziehen lassen?«

»Hao, hao«, riefen die Prominenten wie zur Bestätigung mit einer Stimme.

»Werdet ihr die Erde bearbeiten und den Boden bewässern, wie es euch die Soldaten gezeigt haben?«

»Hao, hao«, riefen die Versammelten wieder.

»Werden eure Kinder jeden Tag die Schule besuchen, damit sie lernen, mit dem Papier zu sprechen?«

»Hao, hao!« Erneut gaben die Männer ihre Zustimmung.

»So ist es gut. All das, was ihr hier in der Vergangenheit getan habt, soll vergessen sein. Die Ochsenkarren stehen bereit.«

Die Rückkehr der Navajos in die alte Heimat

Der Vertrag wurde am 1. Juni 1868 unterzeichnet. Am 18. Juni traten die ersten Navajos den Rückweg an. Gegen Ende Juli desselben Jahres erreichte die Vorhut der Heimkehrer wieder die Canyons, die Mesas, die Berg- und Hochflächen der einstigen Heimat. Was für eine Befreiung: Sie marschierten ohne direkten Kontakt und ohne Aufsicht durch eine militärische Wachmannschaft, konnten kampieren, wann, wo und wie lange sie wollten, abends ein paar Erdhunde fangen und die kleinen, fetten Tiere am Spieß über dem knisternden Feuer rösten – immer ein Ziel vor Augen, die Heimat, das lang vermisste Zuhause. Der bebrillte Major Whiting, den sie Owl Man nannten und der die ganze Prozedur aus der Distanz überwachte, bemerkte: »Sie verursachten weniger Schäden, sie stahlen weniger Güter von den Zivilisten, als von einer gleich starken Militärformation zu beklagen gewesen wäre.«

Umgekehrt war das Militär in Fort Sumner froh, ihre »Schutzbefohlenen« endlich los zu sein. Dafür waren diese Männer nicht trainiert, nicht ausgebildet. Ihr Job war, zu kämpfen oder in Friedenszeiten irgendwo präsent zu sein, aber doch nicht, sich mit 8 000 halb- oder ganz wilden, aufsässigen und unkooperativen Indianern herumzuschlagen.

*

Mit der Rückkehr begann ein neuer Abschnitt der Navajo-Geschichte. Sie vergaßen nicht die Demütigung, die Leiden, den Hunger, den Tod im Exil. Sie nannten die Epoche *Nabondzod,* die »Zeit der Ängste«. Sie schworen den Raids, den Überfällen, dem Krieg ab. Sie hatten begriffen, dass sich die Zeiten, die Verhältnisse geändert hatten, dass sie ihre Zukunft mit anderen Mitteln als mit Raub und Überfall, mit Mord und Totschlag gestalten mussten, wenn sie überleben und prosperieren wollten.

Trotz mancher Provokation in den folgenden Jahren überfielen sie so gut wie keine der weißen oder Pueblo-Siedlungen mehr. Sie hatten erkannt, dass ein militärisches Aufbegehren gegen den neuen, übermächtigen Gegner zu ihrer vollständigen Vernichtung führen würde. Auch wenn sie jetzt wieder fast so arm, mittellos und abgerissen dastanden wie bei ihrer Ankunft im Südwesten ein halbes Jahrtausend zuvor – sie suchten nach Chancen, ihre Existenz zu sichern, ihre Zukunft zu gestalten.

Sie erinnerten sich an ihre erworbenen Fähigkeiten: Sic hatten von den Pueblo den Ackerbau erlernt, von ihnen erfahren, wie man Decken webt. Den Spaniern hatten sie sich abgeschaut, wie man Schafe züchtet. Sie hatten von den US-Amerikanern dünne Decken und alte, abgelegte Armeemäntel bekommen. Das war nicht viel, doch sie sagten sich, wenn sie ihre Kinder in die Schulen dieser US-Amerikaner schickten, würde ihnen das vielleicht weiterhelfen.

In zehn Jahren, so prophezeite ihnen damals der neue Agent Dodd, den sie »The Gopher«, »Das Erdhörnchen«, nannten, würden sie sich selbst versorgen können. Für die Navajos war dabei die gleiche Magie höherer Mächte im Spiel, die Regen brachte oder das Land verbrannte, die das Gras wachsen und die Schafe sich vermehren ließ. In der allergrößten Not würde ihnen die US-Regierung helfen, obwohl sie als ihr Feind galt. Daran glaubten sie fest.

»The Gopher«, der Agent Dodd, betonte immer wieder: »Kein Krieg mit den übrigen Indianern, keine Überfälle auf Mexikaner, kein Diebstahl von amerikanischen Gütern.« Die Navajos nickten, aber sie wussten nicht, ob das Wohlverhalten auf Dauer möglich war. Sie wussten, die US-Amerikaner verhängten drakonische Strafen, aber sie belohnten auch.

Tatsächlich erhielt jeder, jede Navajo - sogar jedes Kind - Kleidung im Wert von fünf Dollar. Das war eine Menge Geld und entsprach seinerzeit dem Wochenlohn eines Arbeiters. Diese Summe würden die Amerikaner zehn Jahre lang aufwenden, um sie einzukleiden. Hinzu kamen die Rationen, die ihnen so lange zugeteilt werden sollten, bis sie die erste Ernte einbringen konnten. Außerdem sollte jeder Ackerbauer Geräte im Wert von zehn Dollar erhalten, die ihm das Bestellen der Felder leichter machten.

Sie sollten sich Ackerland aussuchen können - 160 Morgen (Acres) für jedes Familienoberhaupt, 80 Morgen für Alleinstehende. Jedem Farmer wurden als Starthilfe zusätzlich 100 Dollar im ersten Jahr versprochen und je 25 Dollar für die beiden folgenden Jahre, wenn er das Land urbar machen und weiter verbessern würde.

Zuvor hatte das Land niemandem oder auch allen gehört. Jetzt war das anders. Die Navajos lernten rasch, wie groß ein Acre oder ein Morgen war. Sie begriffen auch sehr schnell, dass das Land einen Geldwert bekommen hatte und dass dieser Wert unterschiedlich war. Auf den trockenen Mesas brauchte man viele, viele Morgen Land, um ein einziges Schaf durchzubringen, während in den Feuchtigkeitstaschen ein einziger Morgen mit Mais, Bohnen und Squash eine ganze Familie ernähren konnte. Doch wie das alles in die Praxis ihrer Weidewirtschaft umzusetzen war, das wussten sie nicht, das wussten nicht einmal die US-Amerikaner, die sonst alles wussten.

Schwierig wurde es schon allein, eine Eigentumsform zu finden für die je nach Saison weit auseinander liegenden Weidegründe: Sie wechselten mit den Jahreszeiten und dem niedergehenden Niederschlag oder der gerade herrschenden Trockenheit. Das sollten, das mussten die Weißen begreifen, doch wie konnte man es ihnen beibringen, fragten sich die Navajos.

Die Regierung ging noch einen Schritt weiter: Sie zahlte 30 000 Dollar für das Vieh, das Jahre zuvor auf Kit Carsons Befehl abgeschlachtet worden war.

*

Eigentlich sollten sie sich alle am neu erbauten Fort Wingate treffen und die letzten Instruktionen erhalten, aber die Navajos waren so versessen auf die Rückkehr in ihre alten Weidegründe, dass sie es vorzogen, sich lieber halb verhungert mit Karnickeln, Erdhunden, Eichhörnchen und Heuschrecken als Nahrung durchzuschlagen, als die Rationen der US-Amerikaner zu essen. Sie fanden ihre Hogans in Trümmern, ihre Obstbäume gefällt. Der Mais, der sich nicht von selbst regeneriert, sondern immer wieder gesät werden muss, war von der Bildfläche verschwunden.

Es waren im Wesentlichen die Alten und die Kranken, die Krüppel und die Überängstlichen, die sich in Fort Wingate einfanden, das sie *Shushibito* oder die Bärenquelle nannten. Es schmerzte die Navajos: Shushibito war ein uralter, traditioneller Versammlungsplatz, der einzige Ort in weitem Umkreis, wo es auch in Trockenzeiten ausreichend gutes, kühles Wasser gab. Ausgerechnet dieser Ort sollte außerhalb ihres Reservats liegen und für sie nicht mehr zugänglich sein. Doch das war der Preis, für den sie ihre Freiheit wiedererkauft hatten.

Das Reservat, das ihnen garantiert wurde, war altes Navajo-Land, im Norden begrenzt vom San Juan River. Es war rund 9 000 Quadratkilometer groß (das entspricht etwa der Hälfte von Hessen) und sollte im Verlauf der kommenden Jahrzehnte immer wieder ergänzt und vergrößert werden, bis es schließlich bis zum Little Colorado River im Südwesten reichte und an die 64 000 Quadratkilometer umfasste (nicht ganz so groß wie Bayern). Im Norden mussten sie etwas abgeben an die Ute und Paiute, im Zentrum an die Hopi. Das war eine Enklave, aber kein Dorn im Navajo-Land. Im Süden beanspruchten die Zuni, aber auch die weißen Siedler Grund und Boden. Im Prinzip war das Reservat trotz der schlechten Bodenbeschaffenheit groß genug, damit sich die übrig gebliebenen rund 8 000 Navajos selbst versorgen konnten.

Die Mühlen der Verwaltung mahlten allerdings langsam. »The Gopher«, der Agent Dodd, starb. Erst im Januar 1869 konnten sich die in Fort Wingate Wartenden in ihrer alten Heimat wieder etablieren.

Sie taten es sehr zögerlich. Sie hatten kaum etwas zu essen, und Uncle Sam hatte versprochen, sie bis zur nächsten Ernte zu verpflegen. Diese Verpflegung, die Rationen bestanden täglich aus einem Pfund Weizen- oder Maismehl, einem Pfund Rindfleisch, einer Hand voll Kaffeebohnen und, so ihnen das Glück lachte, auch noch aus ein paar Unzen Salz und ein bisschen Tabak.

Die Vereinigten Staaten von Amerika waren in den ausgehenden sechziger Jahren des 19. Jahrhunderts noch keineswegs eine Macht mit unerschöpflichen Militär-,

Wirtschafts- und Finanzreserven. Vielmehr war der Bürgerkrieg gerade erst zu Ende gegangen. Die Staatskasse war leer. Für den Wiederaufbau mussten Mittel gefunden werden. Es ging nicht nur um die Navajos; es galt, an die drei Dutzend indianische Völker durchzufüttern und zu versuchen, sie in möglichst kurzer Zeit zu Selbstversorgern, zu Viehzüchtern und Ackerbauern zu machen.

Die Indianer waren die Besiegten, die Geschlagenen, Verängstigten. Sie wurden ausgegrenzt - und grenzten sich auch selbst ab, denn sie waren in einer anderen Kultur verwurzelt. Statt Hoffnung und Initiative hatte sich unter ihnen tiefe Resignation und Verzweiflung ausgebreitet - ein Grund, weshalb sie sich größtenteils alles andere als kooperativ zeigten.

Auf der anderen Seite stand der US-Kongress. Dessen Mitglieder lebten Tausende von Meilen von den Orten des Geschehens entfernt, in einer gänzlich anderen Welt. Die Informationen flossen spärlich und waren nur selten objektiv, sondern fast immer subjektiv gefärbt. Für den Kongress war die Wohlfahrt der Indianer ein Randproblem.

*

Wie die Navajos letztlich das Land unter sich aufteilten, blieb ihr Geheimnis. Irgendwie gelang es ihnen, sich untereinander zu arrangieren. Verschiedene Gruppen fanden sich zusammen, andere lösten sich auf, verteilten sich über das Reservat.

Was nicht funktionierte, war die Zuteilung der rund 40 Hektar großen Parzellen als Existenzgrundlage der einzelnen Familien. Auf dem Papier sah das gut aus, doch die Idee, »eigenes« Land zu besitzen, konnte sich bei den Navajos nicht durchsetzen. Jede Familie fand schließlich die Weidegründe für ihre Herden, und die Übrigen respektierten diesen »Besitz«. Ihren Mais, ihre Bohnen, ihren Squash und ihren Tabak bauten sie da an, wo sich ein halbwegs feuchter Fleck fand und nicht innerhalb der Grenzen eines vorgegebenen und zugeteilten Grundstücks.

Es ist ein Phänomen, dass diese Art von Landverteilung ohne Mord und Totschlag, ohne Streit, Gerichte und bürokratische Eingriffe gelingen konnte.

Im Frühjahr 1869 wurden die Saaten von dem neuen Agenten zugeteilt: von Captain Bennet, den die Navajos »Big Belly« (Dicker Bauch) nannten. Die Navajos bestellten ihre Äcker, aber ein wüster Hagelsturm, wie er so oft im Südwesten über das Land fegt, vernichtete die Ernte. Sie säten nochmals, und diesmal fraßen die Heuschrecken die Felder kahl. Mitunter waren es auch die späten Fröste, die in den höheren Lagen alle Feldarbeit und Mühe obsolet machten.

Es stellte sich bald heraus: Die alte und neue Heimat der Navajos war für einen intensiven, großflächigen Ackerbau unter den damals gegebenen Verhältnissen nicht geeignet.

Daraus folgerte, dass die Menschen keine festen Häuser bauten. Als Hirten mussten sie nach wie vor beweglich sein. Es schien sie nicht zu stören, jahrelang in Höhlen, unter Felsüberhängen, in Wickiups, den »vierbeinigen Häusern« zu hausen. Das waren vier Stützen, darüber gelegte Äste und Zweige und/oder ein paar Felle. Die Wände waren aus Stein, Erde, was gerade zur Hand war. Es waren schmucklose, primitive Unterkünfte, aber sie waren schnell gebaut und erfüllten ihren Zweck. Das einzige Problem bestand darin, dass ein viereckiges Haus für Riten und Zeremonien nicht geeignet war. Die Voraussetzung dafür war ein Rundbau oder zumindest ein achteckiger Hogan.

Die Navajos gaben nicht auf. Sie handelten den Hopi weiteres Saatgut und Maisvorräte ab. Sie tauschten mit den Zuni mexikanisches Silber und Decken gegen weiteres Saatgut. Sie klaubten die von den Kavalleristen der US Army bei der Fütterung ihrer Pferde und Maultiere vergeudeten Maiskörner auf und steckten sie in die Erde.

Trotzdem mussten weiter Rationen verteilt werden. Sie kamen vom Militär, das die Verantwortung für die Verteilung an Prominente wie Manuelito, Barboncito, Mariano und andere weiterschob. Sie erhielten jetzt ganze Wagenladungen mit Mehl, »Fleisch auf'm Huf«, das heißt kleine Herden von Schlachtvieh, manchmal Salz und Tabak, vor die Tür geliefert.

Auch wenn die versprochenen Ackergeräte noch nicht gekommen waren, lieferte die US-Regierung die versprochenen Schafe. Im Jahr 1869 wurden insgesamt 8121 Navajos registriert. Sie besaßen exakt 1965 Schafe und Ziegen. Das sagt zumindest die Statistik.

Jetzt kamen auf einen Schlag 14000 Schafe und rund 1000 Ziegen hinzu, heraufgetrieben von Las Cuevas. Bei den Schafen handelte es sich um die anspruchslosen spanischen Churros, zäh, dünnbeinig und wenig wollergiebig, doch ungeheuer anpassungsfähig. Diese Schafe hatten sich seit Generationen an die harschen äußeren Bedingungen und die Trockenheit von New Mexico angepasst, waren dort heimisch geworden. Für die Navajos waren sie nicht ein, sondern das Himmelsgeschenk schlechthin. Im Durchschnitt besaß jetzt jeder – Mann, Frau und Kind – wieder zwei Nutztiere, Schaf oder Ziege. Es war der Grundstock zu einer Weidewirtschaft, die sich bald zur Existenzgrundlage des ganzen Volkes entwickeln sollte. Unter all den Indianern Nordamerikas waren die Navajos die einzigen, die den ungeheuer bedeutsamen evolutionären Schritt von Jägern und Sammlern zu Tierzüchtern und Ackerbauern schaffen sollten.

Bemerkenswert und aufschlussreich war dabei die Tatsache, dass die Schafe sich in den allermeisten Fällen im ausschließlichen Besitz der Frauen befanden. »Sie widmen sich ihnen ebenso wie ihren Kindern. Sie bringen sie abends in ihren Corral, sie scheren sie und spinnen aus der Wolle die Fäden, aus denen sie dann ihre Decken weben«, schreibt einer ihrer Bewunderer.

Die Decken waren nicht für den Hausgebrauch, sondern für den Verkauf bestimmt. Viele Frauen nähten für sich und ihre Kinder aus alten Mehlsäcken ihre Kleider zusammen. Es störte sie nicht, dass auf der Brust dann die Aufschrift »Five Roses« oder auf dem Rücken »Robin Hood« oder »Phyllsburry« prangte. Was sie leider nicht wussten, dass sie damit den Modetrend der oft schreiend bedruckten T-Shirts vorwegnahmen. Nach Ben Akiba ist alles schon einmal da gewesen.

Es waren wieder die Frauen, die die Grundlage für den kommenden bescheidenen Wohlstand der Navajos legten. Die Männer sorgten für den nach wie vor geringen, aber trotzdem für die wirtschaftliche Unabhängigkeit und das Selbstbewusstsein bedeutsamen Ackerbau. Darüber hinaus widmeten sie sich der Jagd und dem Handel. Dieses waren Mittel zur Nahrungssicherung, aber auch zur Aufrechterhaltung und zum Neufindung von Vitalität, Gesundheit und Selbstachtung.

Die Navajo-Frauen gingen auf die Wünsche ihrer Kunden ein. Die Mormonen in Salt Lake City wollten einfache Satteldecken. Die Comanchen und Ute verlangten nach dicht gewebten, wenigstens halbwegs wetterfesten, blau-weiß gestreiften Ponchos. Die Mexikaner bevorzugten auffällige, leuchtende Farben.

Wenn ein paar dieser gewebten Produkte fertig waren, luden die Männer sie auf ihre Packpferde und ritten mit ihnen, mitunter Hunderte von Meilen weit, um sie ihrer Kundschaft anzudienen. Als eingetauschte Objekte brachten sie meist Pferde mit. Ein Navajo brauchte einfach Pferde, möglichst viele Pferde. Ohne Pferde war er ein armseliger Tropf, und welche Frau wollte schon einen armen, in den Augen der anderen verachteten Schlucker als Mann?!

Der Brautpreis für ein junges, heiratsfähiges Mädchen wurde meist in Pferden entrichtet. Und welche Braut, aber auch welche Mutter wollte schon, dass sie oder ihre Tochter für nur zwei, drei Pferde weggegeben und ihrem Gatten anvertraut wurde?! Je mehr Pferde für sie bezahlt wurden, umso höher wuchs ihr Prestige.

Im Gegensatz zu den übrigen Indianern jener Zeiten scheuten sich die Männer jeden Alters nicht, in der Fremde zu arbeiten: als Schäfer, Cowboy oder Hilfskraft beim Bau von Adobehäusern. Viele der Silberdollar, die sie mit diesen Arbeiten erwarben, wurden eingeschmolzen und von den Silberschmieden zu »Conchas«, zu Schmuckplättchen, verarbeitet – ebenfalls eine Art von Wertschöpfung, um ein Modewort zu gebrauchen. Es waren vor allem jene Essensmarken-Fälscher und die von ihnen Angeleiteten, die eine neue kleine Schmuckindustrie schufen.

Dieses Handwerk entwickelte sich aus eigener Initiative, aufgrund eigener Ideen. Es war vor allem der Medizinmann Etsidi Sani, der »Alte Schmied«, der diese Kunst als Fälscher in Fort Sumner erlernt hatte, der sie jetzt förderte und weiter verbreitete. Der »Alte Schmied«

hatte vier Söhne. Sie lernten, Silber zu hämmern und in Formen zu gießen. Ihre Produkte schmückten nicht nur den Träger - meist waren es Männer -, sie hatten in den Augen der Käufer zusätzlich die Vorzüge von schützenden Amuletten und Glück bringenden Talismanen.

Von »Ugly Smith«, dem »Hässlichen Schmied«, wird berichtet, wie er mit einer Hand voll Werkzeugen, auf einer klapprigen Mähre reitend, bei den Zuni auftauchte. Unter ihnen betrieb er dann sein Handwerk so erfolgreich, dass er nach Jahresfrist als *Rico,* als reicher Mann, mit einem Dutzend Pferde und einer großen Herde Schafe in Richtung Navajo-Land aufbrechen und in seine Heimat zurückkehren konnte.

*

Nicht alles war Friede, Freude, Eierkuchen. Die Beschränkungen des Reservatlebens, der Fortschritt, der manchmal auf sich warten ließ, vor allem aber das Feuerwasser - der Fluch des roten Mannes -, das weiße Händler in das Reservat einschleppten, sie alle führten zu manchmal tödlichem Streit zwischen Weißen und Navajos, zwischen Navajos und Pueblo und unter den Navajos selbst. Doch es war nie ein organisierter Kriegszug, sondern eher ein trunkener Kampf Mann gegen Mann.

Vor allem die jungen Männer fielen dem Teufel Alkohol zum Opfer. Sie durften nicht wie ihre Großväter und Väter zu langen, abenteuerlichen und prestigeträchtigen Raubzügen aufbrechen. Ihre Ernten wurden oft durch Naturgewalten vernichtet. Oft war es unmöglich, Pferde zu erwerben. Wer kann es ihnen verdenken, dass sie den Trost der gluckernden Flasche suchten, im Rausch ihre Träume fanden und wenigstens für kurze Zeit sich den

Ricos jeglicher Hautfarbe gleichgestellt fühlten? Es war nicht üblich und es galt als unfein unter den Navajos, jemandem faules Herumlungern oder in Gewalt mündende Ausfälle vorzuwerfen. Manche Beschwipste verhielten sich ja auch wie Clowns und brachten die Menschen zum Lachen.

Die unkontrollierte Gewalt, die Zerstörungswut, die mitunter von Betrunkenen ausging, war in ihren Augen das Werk der Hexer. In diesem Zusammenhang machte sich das Fehlen jeglicher Zentralgewalt negativ bemerkbar. Es gab niemanden, der ausreichend Autorität gehabt hätte, aufzustehen und dem unsinnigen und blutigen Treiben ein Ende zu bereiten. Oft beschuldigten sich die Nachbarn gegenseitig der Hexerei, der schwarzen Magie als Ursache für Unglück, Naturkatastrophen, Missernten. Krankheiten brachen über sie herein. Es floss Blut. Einer unkontrollierten, sinnlosen, hysterischen Hexenjagd fielen zwei Dutzend unschuldige Menschen zum Opfer. Die Lynchjustiz griff um sich. Einige wenige Glückliche konnten von den Behörden in letzter Minute gerettet werden.

Es kamen immer wieder Leute aus den verschiedensten Gründen zu Tode, doch jegliches Unglück wurde den Hexern angelastet.

Es gab allerdings zu keinem Zeitpunkt nach der Rückkehr aus Bosque Redondo organisierte, von langer Hand vorbereitete Überfälle auf die Ute, Pueblo oder weißen Rancher oder Farmer. Die Navajos waren nicht zu Unschuldslämmern geworden, aber sie hielten Wort. Wenn ein Raub, Mord oder Überfall passierte, waren die Schuldigen Einzeltäter und keinesfalls kriegerische Banden.

*

Die US-Amerikaner hatten inzwischen statt der vorherigen zwölf Clan-Chiefs drei Prominente mit einigem Einfluss zu Häuptlingen bestimmt: Barboncito als Oberhäuptling, Manuelito als Regionalhäuptling der östlichen und Ganando Macho, der einstige Hopi, als Chief der westlichen Navajos. Ihnen untergeordnet waren eine inzwischen wechselnde Anzahl von Clan-Chiefs, deren »Hauptaufgabe darin zu bestehen schien, die Häuptlinge um weitere Rationen und besseres und mehr Land anzugehen«. Es war schwer und ungewohnt für die Navajos, die Autorität dieser Männer anzuerkennen.

»Er ist nichts anderes als ein Werkzeug der Agentur«, sagten sie über Barboncito. Doch welche Wahl hatte der »Bärtige«? Er musste die Beschlüsse des Agenten umsetzen, und dieser wiederum war gegenüber Washington weisungsgebunden. Der Agent musste mit seinen Mitteln haushalten, und die waren meist bescheiden genug. Barboncito hatte die unangenehme Aufgabe, diesen unausweichlichen Stand der Dinge seinen Leuten zu vermitteln.

Es war nicht nur eine unangenehme, es war auch eine undankbare Aufgabe, auch für den Agenten. Er erhielt zwar ein Gehalt von etwa 100 Dollar im Monat, doch ihm zur Seite stand selten eine Hilfskraft, und wenn, dann war es ein Dolmetscher, den er oft genug selbst entlöhnen musste.

In einem Report an den Commissioner of Indian Affairs aus dem Jahr 1883 ist zu lesen: »Die Aufgaben, die einem Agenten im Südwesten gestellt werden, lassen es nicht zu, dass er seinen wirklichen Pflichten in zufrieden stellender Form nachkommen kann. Das Reservat ist jetzt 25 000 Quadratkilometer groß und besteht aus dem wertlosesten Land unter dem weiten Himmel. Die Erdoberfläche setzt sich fast ausschließlich aus Fels und Gestein zusammen. Farmer aus Illinois, Iowa oder Kansas würden es als Zumutung empfinden, hier irgendetwas anzupflanzen. Aber 17 000 Indianer schaffen es, dieser Wüstenei ohne die Hilfe der amerikanischen Regierung ihre Lebensgrundlage abzuringen. Wenn sie nicht die besten Indianer des Kontinents wären, würden sie das nicht schaffen. Da sie keine Unterstützung erhalten, ist der Agent gezwungen, ihre Leiden mit anzusehen oder die unbedingt notwendigen Dinge aus seinen eigenen Mitteln zu beschaffen. Da ich das Versagen der Regierung vor Augen habe, ihre Verpflichtungen gegenüber den Navajos zu erfüllen, habe ich selbst in dieser Hinsicht 800 Dollar ausgegeben. Aber dieses Geld ist nicht zurückerstattet worden, und ich habe meine persönlichen Ausgaben gestoppt. Die Vereinigten Staaten haben in keinem Augenblick ihre vertraglichen Verpflichtungen den Navajos gegenüber erfüllt. Man kann davon ausgehen, dass sie das auch in Zukunft nie tun werden.«

Dem wäre nicht viel hinzuzufügen, doch ganz so schlimm war es nicht. Die Agenten befanden sich sicherlich in einem bürokratischen Gestrüpp. Die Kommunikation mit Washington gestaltete sich aufgrund der enormen Distanzen sehr schwierig und zeitraubend. Manche Agenten pflegten aber auch ihre persönlichen Eitelkeiten. Die einen waren mehr, die anderen weniger befähigt.

Die Situation änderte sich von Jahr zu Jahr. Die Rivalitäten zwischen Innen- und Kriegsministerium mussten von den Agenten umschifft werden. Inzwischen war das Innenministerium längst für das Wohl und Wehe der Indianer verantwortlich, aber wenn irgendwas nicht klappte oder schief ging, wenn den Rothäuten der Hungertod drohte, dann musste die US Army einspringen.

Sie tat es widerwillig und selten effektiv, doch sie federte die größten Notlagen ab. Dann fanden sich die Navajos in den Forts ein und erwarteten, dass sie verköstigt wurden.

Ein gewisser Leutnant Bourke beschreibt einen solchen Aufmarsch der Navajos bei Fort Wingate:

»Der Herold der Indianer hatte ein aus Angst einjagenden Lauten bestehendes Geschrei und Gebrüll angestimmt und verkündet, dass es an der Zeit sei, die Rationen abzuholen. Die Kolonne kam heran, ein nicht abreißender Strom von wiehernden Ponys, jedes mit seiner Menschenlast beladen. Manche trugen einen bemalten und mit Schmuck behängten Krieger, andere eine Squaw mit einem Baby, das in seinem Wiegenbrett über ihrer Schulter hing. Auf wieder anderen hockten zwei oder drei Kinder hintereinander auf dem Rücken. Alle riefen, schrien, lachten in ihrer Sprache durcheinander.

Ich bin sicher, zumindest ein Dutzend der Kinder, die ich auf den Pferderücken sah, war nicht älter als vier Jahre. Ein kleiner Hosenmatz, der sich kaum auf den eigenen Beinen halten konnte, leitete, als sei es die einfachste Sache der Welt, sein braves, erfahrenes Pferd durch die Masse der Indianer, Hunde, Esel, Maultiere und Pferde, die ihn umgaben.

Die Szene war eigentlich wild und barbarisch, aber die Kleidung der Reiter war auffallend und phantasievoll, und an dem Zaumzeug der Ponys klingelte das Silber.

Der von manchen getragene Schmuck an Korallen und Türkisen rief Aufmerksamkeit und Bewunderung hervor, und alle die, die nicht das Glück hatten, solchen Aufwand betreiben zu können, gaben sich zufrieden mit aufgereihten Halbkugeln aus Silberblech und Kugeln aus Kupfer.«

*

Die Indianer versuchten rauszuschlagen, was und wo es nur ging. Der Kongress hingegen wollte nach Kräften Geld und Mittel zurückhalten und einsparen. Wirkliche Fachleute gab es selten; die Agenten wurden nach wie vor nach politischen Gesichtspunkten ausgewählt.

Eins kapierten alle Betroffenen allerdings sehr schnell: Sie mussten viel mehr verlangen, als sie erwarten durften. Das wussten natürlich auch die Kongress-Mitglieder. Sie machten entsprechende Abstriche.

Ein weiteres Problem war, dass den Indianern der Umgang mit Geld nicht vertraut war. Also mussten Verpflegung und Waren geliefert werden. Die Vertragshändler dachten natürlich an ihren eigenen Profit. Sie versuchten vor allem, ihre schwer verkäuflichen Waren loszuschlagen; sie lieferten mindere Qualitäten zu überhöhten Preisen. Die Navajos erhielten Lieferungen von Mänteln, Hüten, Hosenträgern und Gamaschenschuhen, obwohl sie damals vornehmlich in Decken gehüllt und in absatzlosen Mokassins herumliefen.

Glücklicherweise waren damals Fässer das übliche Verpackungsmaterial. Sie fanden als Wasserbehälter reißenden Absatz.

*

Der Hogan des Manuelito wimmelte meist von Besuchern. Er lag an einer Quelle mit üppigem Pflanzenwuchs drumherum, die später einmal »Manuelito Springs« genannt werden sollte. Der alte Krieger hätte im Nu eine Streitmacht zusammengehabt, um ein mittleres Fort zu erstürmen, doch inzwischen plädierte auch er für Frieden und Freundschaft. Manuelito schätzte das Feuerwasser, und die Versammlungen in seinem Hogan endeten oft in trunkenem Chaos.

Im Hogan

Ganado Mucho kümmerte sich in erster Linie um seinen eigenen Reichtum und seine eigenen Herden. Wenn er etwas von sich gab, dann hob er den Zeigefinger und sprach die bedeutungsschweren Worte: »Erinnert euch, meine lieben Kinder, ihr habt versprochen, Frieden zu halten.«

Im Jahre 1870 starb Barboncito. Ganado Mucho, obwohl er ebenfalls in die Jahre gekommen war, wurde Oberhäuptling. Manuelito wurde alleiniger zweiter

Mann in der neuen Hierarchie. Zudem wurde er »Polizeichef« des Reservats mit einem Gehalt von acht Dollar im Monat. Ihm unterstellt wurden 1000 eingeborene »Polizisten« mit einem Gehalt von fünf Dollar. Die Aufgabe dieser Gruppe mit dem alten Krieger an der Spitze bestand darin, Vieh, das vor Jahren gestohlen worden war, den Eigentümern zurückzugeben.

Die Truppe nahm den ihr aufgetragenen Job ernst. Sie lokalisierte und beschlagnahmte tatsächlich an die 60 geraubte Rinder. Die Agentur war von diesem Erfolg überrascht. Nach ihrem Dafürhalten befand sich jetzt kein Diebesgut mehr im Reservat. Der Agent beschloss, die eben geschaffene Polizeitruppe wieder aufzulösen.

Doch dann überlegte man es sich anders: Die Ordnungsmacht hatte sich bewährt und wurde prompt, neu organisiert, wieder aufgestellt, doch diesmal ohne Manuelito. Der nahm sich das so sehr zu Herzen, dass er noch heftiger als je zuvor Trost in der Flasche suchte und in der neuinstallierten Gefängniszelle seinen Rausch ausschlafen durfte.

Der Kampf um die Existenz in einer veränderten Welt

Die Navajos schafften es natürlich nicht, in ein, zwei Jahrzehnten den gewaltigen Sprung von Jägern und Hirten zu sesshaften Ackerbauern zu schaffen. Doch im Gegensatz zu den meisten anderen indianischen Stämmen und Völkern wuchs ihre Zahl und auch ihr relativer Reichtum. Im Jahre 1880 wurden 11 850 Navajos registriert. Sie besaßen inzwischen nicht weniger als 700 000 Stück Vieh. Das heißt auf jeden Navajo, ob Mann, Frau oder Kind, kam ein durchschnittlicher Besitz von rund 60 Tieren: Pferden, Rindern, Ziegen und Schafen. Das konnte sich sehen lassen. Es ging den Navajos besser, viel besser als dem Großteil ihrer übrigen Rassegenossen in Nordamerika.

Ab 1870 etwa hatte die US-Regierung erkannt, dass ihre Eingeborenenpolitik mit der Qualität der Indianeragenten stand oder fiel. Sie ging davon ab, diesen Posten nach politischen Gesichtspunkten zu vergeben, und suchte ihre Vertrauensmänner unter der Vielzahl der Sekten und Religionsgemeinschaften der USA aus. Diese Methode dämpfte tatsächlich die weit verbreitete Korruption. Es wurden idealistische, engagierte Menschen als Vermittler »an die Front« geschickt, doch über die für diesen Job erforderlichen sonstigen Qualitäten sagten die neuen Kriterien kaum etwas aus.

Die Religionsgemeinschaften Nordamerikas, immer schon um die »Rettung der Seelen der armen Heiden« untereinander heftig konkurrierend, sahen eine hochwillkommene Chance, für ihre Missionsarbeit Pflöcke einzuschlagen, das zu beackernde Feld unter sich aufzuteilen. Die Navajos wurden den Presbyterianern zugeteilt.

Was die Krankenpflege, den Bau und Unterhalt von Hospitälern, von Schulen, die Instruktion von Erwachsenen anging, tat diese Kirche in humaner Hinsicht Erstaunliches. Doch ihre Agenten standen unter keinem glücklichen Stern.

Der Erste wurde ermordet. Die Ute behaupteten, es seinen die Navajos gewesen, die Navajos beschuldigten die Ute. Welchem Volk der oder die Übertäter wirklich angehörten, wurde nie aufgeklärt.

Der Zweite meinte, dass seine Entlohnung zu niedrig war, und reiste wieder ab.

Der Dritte war gesundheitlich schwer angeschlagen und hielt nicht durch. Auch er packte die Koffer.

Der Vierte, von den Navajos »Die Tarantel« genannt, war offenbar ein Misanthrop, der sich mit allen anlegte, mit denen er in Berührung kam: mit den weißen Farmern der Umgebung, mit den Pueblo, mit dem Militär, mit den Navajos selbst. Doch »Die Tarantel« war ein unbeugsamer, rechtschaffener Mann. Er hatte den eisernen Willen, das Böse zu bekämpfen, überall wo es sich eingenistet hatte, und wollte seiner Aufgabe nach eigenem bestem Wissen und Gewissen nachkommen. Er versuchte, dem gesamten Südwesten die Prohibition aufzuzwingen, jede Tätigkeit am Sonntag zu unterbinden und alle »Squaw men« – Weiße, die Indianerinnen geheiratet hatten – aus dem Reservat zu verbannen. Dabei spielten diese Männer eine kaum zu unterschätzende Rolle für die Navajos in ihrem Bemühen, zu dem allgemein verbreiteten Lebensstandard Amerikas aufzuschließen. Ihre roten Frauen vermittelten manches Gedankengut, die Fertigkeiten und viele Kenntnisse an ihre Verwandten und

Nachbarn weiter. Für ihr Umfeld war diese Form der Instruktion wesentlich akzeptabler, glaubwürdiger und billiger, als das eine Schule oder irgendein Regierungsprogramm vermocht hätte. Die Navajos integrierten die bleichhäutigen Fremdlinge. Beide Rassen lernten, einander sich besser zu verstehen, höher zu achten und toleranter miteinander umzugehen.

Natürlich gab es unter den »Squaw men« – in welcher Gesellschaft gibt es das nicht – auch manch traurige Gestalt, manchen Taugenichts oder Trunkenbold. Einige von ihnen war nur darauf aus, sich über die Heirat mit einer Eingeborenenfrau Privilegien zu ergattern, so beispielsweise sich kostenlos Land unter den Nagel zu reißen, das an sich den Navajos gehörte. Doch das Volk der Navajos verkraftete diese relativ wenigen, kaum bedeutsamen Mitgiftjäger und verkrachten Existenzen. Im Gegenteil, insgesamt war der Einfluss der Weißen recht positiv zu sehen.

Zurück zur »Tarantel«: Nach zwei Jahren gab dieser Agent auf. Es hatte sich herauskristallisiert, dass Frömmigkeit und missionarischer Eifer nicht ausreichten, um die vielfältigen Aufgaben eines Indianeragenten zu erfüllen.

Einer, der dem Ideal nahe kam, war ein gewisser Denis M. Riordan. Dieser Gentleman war ebenfalls ein konsequenter Charakter, doch er setzte auf ein freundschaftliches Verhältnis zu den Navajos. Er war ihr Anwalt, ohne jedoch in der manchmal überbordenden Flut ihrer Wünsche und mitunter Anmaßungen zu versinken.

»Er spricht zu uns wie ein naher Verwandter.« Das war das höchste Lob, das sie einem Fremden spenden konnten. Er brachte sie dazu, gestohlenes Vieh zurückzugeben, Verbrecher, die es nach wie vor gab, auszuliefern. Er griff in die eigene Tasche, wenn es darum ging, wichtige Reparaturen, wie beispielsweise die an einer kleinen Sägemühle, durchführen zu lassen.

Als nach zwei Jahren die Verwaltung es immer noch nicht geschafft hatte, seiner Familie eine wenigstens halbwegs adäquate Unterkunft zur Verfügung zu stellen und Frau und Kinder krank zu werden drohten, resignierte auch Riordan und stellte seinen Posten zur Verfügung. Die Navajos wussten, was sie an ihm hatten, und versuchten, ihn zum Bleiben zu überreden. Sie gingen sogar so weit, ihm aus den ihnen zustehenden Mitteln zusätzliche 1000 Dollar pro Jahr abzuzweigen, um sich damit weiterhin seine Dienste zu sichern. Vergeblich. Riordan packte und reiste ab.

*

Es sollten 15 Jahre seit dem Vertragsabschluss von Bosque Redondo vergehen, bis die Navajos endlich die ihnen zugesagten Ackergeräte bekamen. Da die Politiker nicht wollten, dass diese Geräte und Wagen dahinrotteten, schlugen sie vor, gestandene Farmer zu den Navajos zu schicken, die ihnen den Umgang mit dem unvertrautem Gerät beibringen sollten.

Es wurden Versuche über Versuche gestartet und Unmengen von Geld ausgegeben. Windmühlen sollten Wasser aus der Erde pumpen, Dämme die Regenfluten auffangen und langsam wieder abgeben und in Bewässerungsgräben leiten.

Doch immer mehr zeigte sich, dass auch die modernsten Geräte nichts gegen das Grundübel des Navajo-Landes ausrichten konnten: der unfruchtbare Boden, das unzuverlässige Wetter mit Sturm, Schnee und Hagel, die Trockenheit, die schwierigen Transportbedingungen in dem zerklüfteten Terrain. Das schöne Bild der kleinen, über das Land verstreuten Farmen der Navajos, eines bescheidenen indianischen Landlebens wollte sich einfach nicht materialisieren.

Nachdem Pioniere der US Army mit ungeheurem Aufwand eine Art von Bewässerungssystem ausbauten und ein halbes hundert Pumpen arbeiteten, waren zwar einige Erfolge zu verzeichnen, doch der Durchbruch war das nicht. Vielleicht lag es auch daran, dass die Navajos im Grunde ihres Herzens zwar zu Hirten und Viehzüchtern geworden waren, aber instinktiv merkten, dass ihre Heimat für einen vernünftigen, großflächigen Ackerbau ungeeignet war. Sie erkannten zwar den Nutzen eines kleinen Maisfeldes, von Obstbäumen, Wassermelonen, des Anbaus von etwas Weizen, doch im größeren Stil war in dieser Hinsicht nichts zu machen.

Ihr Stolz und dem Biotop angepasst waren dagegen die Herden, die der Frauen mit Schafen und Ziegen, die der Männer mit Pferden. Auch dann, wenn die Ernten von Unwettern oder Schädlingen vernichtet wurden, blieb jeder Familie genug Vieh, um sich wenigstens mit Fleisch zu versorgen. Leider gab es inzwischen zu viele Tiere.

Im Gegensatz zu den vorhandenen Weideflächen hatten sich die Herden immer weiter vergrößert. Es kam, wie es kommen musste: Der Grasbewuchs innerhalb des Reservats reichte nicht mehr aus. Die Navajo-Hirten, ohnehin nicht unbedingt ortsgebunden, wichen zumindest zeitweilig auf die grasigen Flächen außerhalb der abgesteckten Reservatgrenzen aus.

Die Behörden sahen ein, dass mit der stetigen Zunahme der Bevölkerung und vor allem ihrer Herden das ursprüngliche Reservat zu klein geworden war. Sie reagierten und schoben die Grenzen des Navajo-Landes weiter nach außen. Bis 1884 wurden auf diese Art und Weise rund 2 000 Quadratkilometer Fläche dem Reservat zugeschlagen. Auf dem Papier machte sich das sehr gut, doch wenn ein Schaf einen halben Hektar Weide braucht, um durchzukommen, dann gewinnt das Bild eine andere Dimension. Wenn man dann noch bedenkt, dass die Navajos dieses Land zuvor schon besetzt und genutzt hatten, dann wird klar, dass die Behörden lediglich die entstandenen und bestehenden Fakten legalisierten.

Im Gegensatz zu anderen Stämmen und Völkern hatte das Volk der Navajos jedoch eine durchweg gute Presse, was wiederum die öffentliche Hand zu Wohlwollen und Großzügigkeit animierte:

»Die Navajos arbeiten hart und wären jetzt schon autark und zu Selbstversorgern geworden, wenn nicht das unglückliche und harsche Umfeld, in dem sie leben müssen, dagegen spräche.« (1871)

»Sie sind friedfertig, gut veranlagt, voller Energie; sie arbeiten hart und sind fleißig.« (1872)

»Sie haben sich von einer Bande armer Teufel zu einer Nation von wohlhabenden, fleißigen, cleveren und (wenn man bedenkt, dass es sich um Wilde handelt) intelligenten Menschen emporgeschwungen.« (1878)

»Das Benehmen der Navajos ist von allen Indianern Amerikas das beste.« (1884)

»Der Navajo ist von Natur aus fleißig und besitzt ein Unabhängigkeitsstreben, das sich darin äußert, dass er Eigentum erwerben möchte, um sich selbst durchzubringen (soweit ihm die Regierung dabei Hilfestellung leistet). Seine Zukunft ist aussichtsreich und gesichert.« (1886)

All diese Beurteilungen mögen auch als überheblich, paternalistisch oder als Allgemeinplätze verstanden werden, doch sie werteten das Image dieser Menschen weiter auf – eine Voraussetzung, dass die Hilfsquellen nicht zu sprudeln aufhörten. Denn ohne Hilfe von außen konnten auch die Navajos – noch – nicht überleben.

*

Eine wichtige Stütze erwuchs den Dene, wie sie sich immer noch selbst nannten, mit dem Auftauchen der »Trader«, der Händler. Gewiss waren unter ihnen nicht wenige Betrüger, Ausbeuter, Alkoholschmuggler und dergleichen krumme Hunde. Doch die in den heutigen Tagen so oft beschworene »Selbstreinigungskraft des Marktes« gab es schon damals. Auf Dauer konnten sich nur faire, anständige Geschäftsleute halten. Wenn sie auf Dauer Erfolg haben wollten, dann mussten sie den Boden kultivieren, von dem sie ernten wollten. Vor allem mussten sie das Vertrauen ihrer Partner, der Navajos, gewinnen – ein langwieriger Prozess.

Dazu gehörte auch, dass der »Trader« die Sprache der Navajos lernen musste, zumindest so weit, wie das einem Weißen möglich war. Er musste eine unendliche Geduld aufbringen, denn seine Kundschaft hatte unendlich viel Zeit.

Keiner dieser Händler konnte vom Zusetzen oder allein von christlicher Nächstenliebe und Philanthropie existieren. Er musste seinen Profit machen, oder er hatte seinen Job verfehlt und musste aufgeben.

Aber die Händler erfüllten neben dem Warenaustausch eine enorm wichtige Aufgabe: Sie waren die vielleicht wichtigsten Vermittler zwischen den Welten der Indianer und der Weißen. Sie brachten neue Ideen, Werkzeuge und Waren unters Volk, und meistens profitierte nicht nur der Händler, sondern auch das Volk.

Der Handelsposten war Kommunikationszentrum, Postamt, Bank, Treffpunkt, Versammlungsort, Nachrichtenbörse und manches mehr. Der »Trader« war Vertrauensperson, Schieds- oder Ombudsmann, Beichtvater, Anwalt, Sprecher, Sekretär, Interessenvertreter, Vermittler und Helfer in allen nur denkbaren geschäftlichen und persönlichen Dingen. Er war sogar der Doktor und der Totengräber »seiner« Navajos, da diese eine panische Angst hatten vor Leichen und allem, was mit dem Tod zu tun hat.

Die verstorbene Ruth Underhill, die das beste Buch über die Navajos geschrieben hat, bezeichnet die Händler als »Shoguns« nach jenen ehrenwerten und unbestechlichen japanischen Beamten, die die Nation führten, die Mittler zwischen Volk und dem Kaiser waren, der in seiner gottähnlichen Isolation verharrte.

*

Die ersten ernst zu nehmenden »Trader« erschienen in den siebziger Jahren des 19. Jahrhunderts auf der Bildfläche. Bis 1877 waren es sechs. 1943, als die Geschäfte zwischen Händlern und Navajos den größten Umfang erreicht hatten, gab es 95 dafür lizenzierte Unternehmer.

Sie waren die, die den friedlichen Kontakt zwischen den beiden Welten, der kleinen, in sich geschlossenen der Roten und die der offenen, übermächtigen der Weißen herstellten. Die Kontakte kamen ohne Fanfarenstöße oder Waffengeklirr zustande, sie ergaben sich einfach. Nicht einmal die direkt Betroffenen, geschweige denn die Indianerbehörden, bekamen viel davon mit.

Es hatte damit begonnen, dass Willy Arny, einer der damals schnell wechselnden Agenten, den Indianern die

Idee nahe gebracht hatte, die Wolle ihrer »Churros« nicht nur selbst zu verarbeiten, sondern sie als Ballen an den Zahlmeister des Militärs von Fort Defiance zu liefern, der sie gegen Kochtöpfe, Werkzeuge und Verpflegung eintauschen würde. Nachdem der Agent für die Ochsenkarren zum Transport gesorgt hatte, gingen die Navajos auf das Geschäft ein.

Der Wollhandel entwickelte sich von Jahr zu Jahr, bis er 1886 die magische Marke von einer Million Pfund überschritt. 1890 waren es bereits zwei Millionen Pfund. Sogar die Felle der geschlachteten Schafe und Ziegen konnten zu Geld gemacht oder eingetauscht werden. Ein Schaffell bracht sechs bis zehn Cent, ein Ziegenfell zwischen 25 und 50 Cent.

Der Zahlmeister im Fort genoss aber bald nicht mehr das Vergnügen, der alleinige Handelspartner der Navajos zu sein. Nachdem die Santa Fé Railroad Albuquerque erreicht hatte, strömten vorher unbekannte Güter in den Südwesten. Mit ihnen kamen die ersten wirklichen Händler. Sie besaßen Abenteuerlust, Pioniergeist und Wagemut. Es gab immer noch eine Anzahl von ungezähmten Apachen- und Ute-Trupps, die von Raub und Plünderung lebten. Es sollen auch einzelne Navajos existiert haben, die zusammen mit diesen Desperados die bösen alten Zeiten noch nicht ganz begraben hatten.

Bei alledem hatte niemand eine Ahnung, wo man die unsteten Nomaden antreffen konnte und was sie zu kaufen beziehungsweise einzutauschen gewillt waren. Von den Rothäuten besonders hoch geschätzte Produkte waren Kaffee und Zucker – sie hatten sie nach großen anfänglichen Schwierigkeiten in Bosque Redondo kennen und später schätzen gelernt. Gleich danach kamen eingedoste, süße Pfirsische und natürlich Tabak.

Es wurde vorausgesetzt, dass die Händler eine Lizenz des »Indian Commissioners« in Washington besaßen, um Wildwuchs und Alkoholschmuggel zum Nachteil der Rothäute zu vermeiden. Es gab Regelungen, dass beispielsweise der Aufschlag auf die eingekauften Waren plus Transportkosten nicht mehr als 25 Cent betragen durfte.

Die Händler mussten vorsichtig sein, denn ihre Lizenz konnte zu jedem Zeitpunkt widerrufen werden. Das geschah manchmal, weil sich die Bestimmungen geändert hatten. Weil die Kommunikation manchmal nicht klappte, kam es vor, dass die Händler davon überhaupt davon wussten.

Die Maultierkarawanen oder die Ochsenkarren dieser Männer und Frauen zogen kreuz und quer durch das Reservat. Die Verkaufsstände bestanden aus ein paar Brettern quer über zwei Fässer gelegt, vielleicht aus einem oder zwei Zelten oder einem hastig errichteten Schuppen. Die Navajos strömten aus der Umgebung herbei, um all die meist noch nie gesehenen Herrlichkeiten zu bewundern. Sie fragten die Händler, was sie eintauschen könnten, um in den Besitz von deren Waren zu gelangen. Die Händler feilschten und zündeten so manchen Funken, der aus einem lausigen Hirten einen gewieften Woll- und Fellverkäufer machte.

Die meisten dieser ersten »Handelsposten« verschwanden ebenso rasch, wie sie aus dem Boden geschossen waren.

*

Mit dem Bau der Santa Fé Railroad kamen nicht nur bis dato unbekannte Waren, mit ihr kam auch Bauholz ins Land. Auf mysteriöse Art und Weise fanden sich die Eichenschwellen der Eisenbahn als Stützpfeiler beim

Bau der Unterkünfte wieder. Endlich hatten die Navajos das solide, dauerhafte und bereits zugeschnittene Material, um die tragenden Gerüste ihrer typischen sechs- oder achteckigen Hogans aufzurichten.

Im Jahr 1890 gab es im Reservat neun Händler und etwa 30 direkt außerhalb von dessen Grenzen, die ihre Geschäfte mit den Navajos machten. Die Transaktionen gingen bargeldlos vor sich: Meist erschien die ganze Familie zu Pferde am Handelsposten. Eines der Tiere war hoch bepackt mit Schafwolle. Der Händler wog die Rohware, vergewisserte sich, dass keine Steine miteingepackt waren, um das Gewicht ein wenig nach oben aufzurunden, und schrieb einen Zettel aus, auf dem er die Kreditlinie festsetzte, in deren Gegenwert die Navajos bei ihm einkaufen durften.

Diese Kreditlinie war eines der bestgehüteten Geheimnisse der Händler. Sie war das A und O ihres Geschäftes. Setzte der »Trader« sie zu niedrig an, machte er nicht genug Umsatz, legte er die Messlatte zu hoch, schaffte es sein Kunde nicht, den Kredit durch Warenlieferungen abzulösen, und der Händler verlor Geld.

Der Handel ging nicht ohne kleine Schwindeleien beider Seiten ab. Die Navajos versuchten, die Schuldscheine der Händler zu kopieren, um für ein und dieselbe Wolllieferung mehrfach bezahlt zu werden. Offenbar halfen ihnen schreibkundige »Squaw men« dabei. Diese Form des Betrugs nahm überhand, sodass die Händler Marken prägen und schließlich mit Bargeld operieren mussten.

Umgekehrt konnten die Händler hin und wieder der Versuchung nicht widerstehen, die schreib- und leseunkundigen Navajos übers Ohr zu hauen. Es gab Händler, die darauf aus waren, einen raschen Profit zu machen, um sich dann wieder abzusetzen. Andere blieben und ihre Posten wurden zu Landmarken und sie selbst zu Institutionen und Legenden im Südwesten. So Thomas Keam, »der Engländer« - vor allem aber John Lorenzo Hubbel, alias Don Lorenzo. Der sprach ein wenig Navajo und hatte 1876 als Standort für seinen Handelsposten den traditionsreichen Platz ausgesucht, an dem der reiche Ganado Mucho oder Many Cattle einst wohnte. Der »Hubbel«-Handelsposten existiert noch heute.

Während die Regierung versuchte, durch allerhand Beschränkungen die Navajos zu »zivilisieren«, indem sie die »barbarischen heidnischen Tänze« verbot, sie dazu aufforderte, ihre langen Haare abzuschneiden, und die Missionare ihnen einen Gottesbegriff eintrichtern wollten, mit dem sie nichts anfangen konnten, heuerte Don Lorenzo eine Hand voll mexikanischer Silberschmiede an, die die in vielen Navajos schlummernden handwerklichen Fertigkeiten weckten oder wiederaufleben ließen und ihnen halfen, diese zu vervollkommnen.

Den Händlern ist es zu verdanken, dass die Navajos sich hin und wieder ein so unscheinbares, simples, aber im Alltag enorm wichtiges Gerät wie ein Taschenmesser kaufen konnten. Statt des früheren kratzigen Hirschleders und der unhandlichen Decken schneiderten die Frauen ihren Männern jetzt weite Hosen, »Bombachas« aus ungebleichtem Mousseline, und ein darüber getragenes Hemd. Die Frauen legten ebenfalls ihre Decken und die bizarren, aus bedruckten Mehlsäcken gefertigten Kleider beiseite und hüllten sich in lange Röcke aus Calico. Die Schafe brauchten ihre Schur nicht mehr mittels eines Feuersteins, eines halbwegs geschärften Stückes Blech oder sonstigem Metall über sich ergehen lassen, sondern sie wurden ordentlich und unblutig mit einer speziellen Schere geschoren.

Der spanische Einfluss setzte sich immer mehr in der Frauenmode durch. Die moralisch rigiden Doñas hatten natürlich nicht geduldet, dass ihre auf dem Sklaven- oder Gesindemarkt erworbenen Navajo-Hausmädchen ohne Hemd und ohne Hose unter den seitlich offenen Mehlsäcken als permanente Versuchung und zum Vergnügen der Caballeros ihrer Hausarbeit nachgingen. Sie zeigten den Indianerinnen, was in ihren Augen schicklich war und wie man eine »anständige« Kleidung näht: Das war ein langer, weitschwingender Rock und ein schwarzes Samtmieder darüber. Die Mädchen lernten schneidern und sonnten sich bei ihrer Rückkehr unter ihren Freundinnen und Verwandten im Glanz der neuen Mode. Das mitgebrachte »Outfit« wurde rasch kopiert und verbreitete sich wie ein Lauffeuer. Bald zierten auch Türkise und üppiger Silberschmuck die Schönen. Denn die Navajo-Frauen verfügten über Geld – verhältnismäßig viel Geld, das sie aus dem Besitz und dem Gewinn ihrer Schafherden erlösten. Die »typische Navajo-Tracht« war geboren.

Nebenbei bemerkt: Nicht alle »Sklaven« und »Sklavinnen« waren mit ihrer Rückkehr zu ihrem Volk einverstanden. Meist waren ihre mexikanisch-spanischen »Besitzer« milde Herrschaften. Sie waren eher Patriarchen und Doñas als brutale Sklavenhalter. Sie sorgten für das »Gesinde«. Die von ihnen Abhängigen genossen meist eine bessere Verpflegung und vor allem mehr Komfort als die freien Navajos. Viele blieben freiwillig oder mussten mit Gewalt gezwungen werden, zu ihren eigenen Leuten zurückzukehren.

*

Das Weben von Decken erhielt einen neuen Aufschwung. Diese Decken waren hoch geschätzt bei Mormonen,

Cowboys und den übrigen Indianern. Aber es war ein langer Prozess, bis die Weberinnen genug überschüssige Wolle gesponnen und aus Pflanzen gewonnene Farben zusammen hatten, bis die eigentliche Arbeit beginnen konnte.

Der Händler Cotton lieferte den Navajos ab 1890 die gefärbte Wolle und organisierte die Herstellung von groben Decken, die er auch in den bereits industrialisierten Osten verkaufte. Es kam Geld unters Volk. Es war Geld, das den Frauen gehörte.

Die übrigen Händler folgten Cottons Beispiel. Sie leiteten an, organisierten die Versorgung mit Rohmaterial und übernahmen den Verkauf, setzten an Mustern durch, was Mode und Markt verlangten. Letztlich ist die Schöpfung oder »Kreation« der berühmten Navajo- Decke den Händlern zu verdanken und nicht den Navajos selbst. Wie schon so oft in ihrer Geschichte waren es Einflüsse von außen, die von ihnen umgesetzt wurden zum Nutzen und Frommen des ganzen Volkes.

Der schwierige Weg in die Moderne

In dem in Bosque Redondo zwischen den prominenten Navajos und den US-Behörden abgeschlossenen Vertrag hatten sich die Indianer verpflichtet, allen Kindern zwischen sechs und sechzehn Jahren eine Schulbildung angedeihen zu lassen. Im Gegenzug garantierten die US-Amerikaner, dass sie für je 30 Kinder ein Schulhaus bauen und einen Lehrer schicken würden.

Das hörte sich gut an, auch wenn die Navajos nichts damit anzufangen wussten. »Learning paper« war ein diffuser Begriff. Niemand wusste so recht, was das bedeutete. Einen Nutzen sah man darin erst recht nicht. Die Bedürfnisse der Menschen waren von elementarer Natur, und in die Zukunft konnte keiner blicken. Anfangs gab es weder Schulen noch Lehrer, noch finanzielle Mittel, noch wusste ein Mensch, wie und wo er die Schulen bauen, geschweige denn zum Funktionieren bringen konnte.

Als man nach Jahrzehnten daran ging, das Projekt »Schule« in die Tat umzusetzen, traten enorme Schwierigkeiten auf. Das Reservat hatte riesige Ausmaße, und die Menschen lebten immer noch in kleinen Gruppen weit voneinander entfernt; sie waren immer noch Halbnomaden. Sie zogen von Weideplatz zu Weideplatz, blieben dort manchmal ein paar Wochen, manchmal ein paar Monate und zogen dann weiter oder wieder zurück. Die Natur, der Graswuchs gab die Aufenthaltsorte vor.

Im ganzen Reservat gab es vor der Wende in das 20. Jahrhundert kaum einen Platz, an dem man 30 Kinder hätte zusammentrommeln können. Wenn es einen solchen Platz mit ein paar Dutzend Kindern im Sommer gegeben hätte, wäre er im Winter wahrscheinlich verwaist gewesen und umgekehrt.

Es kam noch etwas hinzu: Die größeren Kinder erfüllten bereits mehr oder weniger bedeutende Aufgaben im täglichen Leben. Wie sollte man sie ersetzen? Ferner gab es starke emotionale familiäre Verbindungen. Mütter und Väter waren gewohnt, dass ihre Sprösslinge tagein, tagaus um sie herum waren. Und jetzt, selbst wenn es nur für sechs, sieben oder acht Stunden war, sollte man auf sie verzichten? Was bedeutete das überhaupt: »Learning paper?« Zu was war es gut? Die Kenntnisse, die die Kinder einmal später im Leben brauchen würden, die brachten ihnen die Eltern, Großeltern, Onkel und Tanten bei. So wie es schon bei ihnen, den Eltern, gewesen war. Und sie waren gut damit gefahren.

*

Die Anfänge waren sehr bescheiden und nicht besonders ermutigend gewesen. Wieder einmal hatten die weltlichen Behörden Hilfe bei den Kirchen gesucht. In diesem Fall bei den Presbyterianern, die einige Zeit schon die Agenten gestellt hatten. Die Regierung versprach ein Gehalt von 600 Dollar im Jahr, und die Kirche schickte Miss Charity Gaston nach Fort Defiance, um dort zu unterrichten. Das Schulhaus aus dem Jahr 1869 war ein dunkler Lehmbau ohne irgendein Möbelstück. Der jungen Lehrerin wurde gesagt, die Navajo-Kinder säßen ohnehin immer auf der blanken Erde, deshalb bräuchte man auch keine Bänke und dergleichen.

Fort Defiance war der einzige Ort, um den sich ständig ein paar hundert Navajos in Erwartung ihrer Rationen aufhielten. Es waren die so genannten »Rumhänger«, die es rund um jedes Fort der US Army im Westen gab. Diese Menschen betrachteten es als Zumutung, zwischen den Tagen, an denen die Rationen ausgegeben wurden, irgendeine Eigeninitiative zu ergreifen. Sie warteten von Termin zu Termin auf ihre Verpflegung.

Der Vorteil war, dass auch die Kinder nichts zu tun hatten. Deshalb hätte einem Schulbesuch nichts im Wege gestanden. Aber trotzdem gab es Schwierigkeiten, Probleme. Die Alten behaupteten, das ganze Manöver würde nur deshalb veranstaltet, um die Kinder einzusammeln und sie später als Sklaven zu verkaufen. Oder es ginge darum, die kranken und schwachen Kinder auszusondern, zu verzaubern und sie bei Gelegenheit umzubringen. Andere, noch wildere Gerüchte machten die Runde durch das Lager der Eingeborenen.

Die arme Miss Gaston hatte mitunter gar keine, mitunter nur drei oder vier kleine Schutzbefohlene. Manchmal kamen die Eltern, aber nur um das Schulessen zu verzehren. Ab und zu war der Raum sogar gefüllt, doch die Kinder fanden das Ganze viel zu langweilig und blieben danach weg.

Miss Gaston suchte und fand Trost im Schoß ihrer Kirche und in Gestalt eines jungen presbyterianischen Missionars, heiratete diesen und widmete künftig ihren pädagogischen Enthusiasmus den wesentlich zivilisierteren und dankbareren Pueblo.

Erst im Jahre 1872 tauchte das Wort »Schule« wieder in einem offiziellen Bericht auf mit der Bemerkung, dass sie »unnütz« sei. Der Besuch sei zu »unregelmäßig«. Es lohnte sich nicht. Zwischendurch kamen immer wieder Lehrer, aber sie blieben nicht lang und verschwanden mitunter, ohne sich überhaupt zu verabschieden.

Für das Jahr 1879 gab es wenigstens eine Statistik, die besagte, dass durchschnittlich elf Schüler pro Tag die Schule besucht hatten. Das neue Konzept in den achtziger Jahren des 19. Jahrhunderts bestand darin, die Indianer auf die Art und Weise zu unterrichten wie die Schüler in New York. Es wurde Geld für ein Internat bereitgestellt, damit die Kinder auch wirklich blieben.

Doch es war sowohl für die Eltern wie auch die Kinder eine Horrorvorstellung, dass die Familien auseinander gerissen werden sollten. Selbst wenn eine gute Absicht dahinter steckte, bedeutete die Trennung für die Betroffenen eine ungewohnte, eine schreckliche Situation. Die Navajos - wie die meisten Indianer und andere traditionelle Gemeinschaften - waren gewohnt, ihr Leben von der Geburt bis zum Tod eingebunden in der vertrauten Umgebung ihrer näheren und ferneren Verwandten, ihres Clans zu verbringen.

Fremde sah man häufig als Hexer oder Verhexte an. Die einzige akzeptable Möglichkeit, sich zu integrieren, war, in einen Clan einzuheiraten. Doch das bedurfte langer, umständlicher Vorbereitungen, und wenn es endlich so weit war, zeigte sich der Clan der Brautmutter bereit, den hoffnungsvollen Bräutigam als einen der Ihren zu empfangen und zu behandeln.

In einer Schule gab es fast ausschließlich Fremde. Die Lehrer waren große, Furcht einflößende, weiße, bärtige Männer. In den Augen der Kinder waren sie böse Zauberer. Da half nichts anderes, als keinen Mucks von sich zu geben und keinen Muskel zu rühren. Das Internat wurde nur von ein paar Kindern besucht, und ein Report schloss mit den lakonischen Worten: »Die Schule ist kein Erfolg.«

Für die Lehrer war es ebenfalls nicht einfach. Die wenigen Kinder, die sich einfanden, kamen aus einer fast wasserlosen Halbwüste. Sie waren alles andere als sauber, hatten Läuse und Flöhe. Sie waren verängstigt, und jegliche Form von Disziplin war ihnen ein Buch mit sieben Siegeln.

Umgekehrt fühlten sich die Kinder eingeschlossen in einem engen Raum. Ihnen wurden die Haare abgeschnitten, was für sie einer Katastrophe gleichkam. Lange Haare sind Spender des Regens. Mit kurzen Haaren funktionieren nach dem Glauben dieses Volkes die geheimen Zeremonien ebenso wenig wie in einem viereckigen Raum. Die Kinder wurden jeden Freitag zur Reinigung in einen Kübel voll Wasser gesteckt und abgeschrubbt. Sie brachten das Essen des weißen Mannes kaum herunter, konnten nicht mit Bestecken umgehen, kannten keine Teller. Die Kinder wurden krank.

Für was sollte das alles gut sein, fragten sich die Navajos.

Ein Agent beschrieb die Lage wie folgt: »Die Mädchen heiraten meist mit zehn oder zwölf Jahren. Bis dahin haben sie sich mit dem Hüten von Schafen beschäftigt. Auch die Knaben werden sehr früh zu Familienvätern, meist bevor sie 18 Jahre alt sind. Bis dahin haben sie die Pferde beaufsichtigt. Da bleibt für die Erziehung nicht viel Zeit. Es scheint überhaupt unmöglich, bei den Navajos Interesse an der Erziehung zu wecken. Ich habe hart gearbeitet, hier eine Schule zu aufzubauen. Ich habe argumentiert, habe zugeredet, gebettelt, bestochen und gedroht, aber es hat kaum etwas gebracht. Ich halte es für notwendig, dass Zwang angewandt wird.«

Im Jahr 1887 beschloss der US-Kongress, es sei sinnlos, Geld für Schulen auszugeben, in die niemand hineinwollte. Man strich die Freiwilligkeit und führte auch für die Indianer die Schulpflicht ein. Doch es machte vorläufig keinen Sinn, die Sache mit Gewalt zu betreiben, da es im ganzen Navajo-Reservat nur eine einzige Schule gab.

Da aber Gesetze gemacht sind, um durchgesetzt zu werden, richtete man auch Schulen außerhalb des Reservats her und begann, die Kinder regelrecht einzufangen. Sie wurden nach Fort Defiance gebracht und von dort in das weit entfernte Fort Lewis in Colorado oder später nach Grand Junction. Für die Kleinen wie auch die verzweifelten Eltern stellte das eine Wiederholung der Deportation nach Bosque Redondo dar.

Oft wurden die Eltern nicht einmal benachrichtigt und hielten ihre Kinder für geraubt oder tot. Doch vor allem die Knaben rissen wieder aus, und so mancher schaffte es, sich auf abenteuerlichen Wegen bis nach Hause, zurück zu seiner Familie durchzuschlagen.

»Ich hasse den Gedanken, meinen Jungen in die Schule zu schicken«, lamentierte eine Mutter, »aber ich weiß, dass ich Lebewohl sagen muss. Wenn er wiederkommt, dann wird er für mich ein Fremder sein.«

Sie hatte Recht. Als die Schüler nach Jahren wieder in ihre Heimat zurückkehrten, waren sie mit der Welt der Weißen vertraut und konnten mit den Zuständen, den Sitten und Gebräuchen der eigenen Leute kaum noch etwas anfangen. All das, was sie gelernt hatten, vermochten sie kaum in die Praxis umsetzen. Auf ausreichende Mahlzeiten, die regelmäßige Körperpflege, saubere Kleidung, elektrisches Licht, fließendes Wasser und all die kleinen und großen Annehmlichkeiten der Zivilisation mussten sie wieder verzichten.

Die Eltern und die näheren Verwandten unterzogen den heimisch werdenden jungen Mann oder die junge Frau einer Reinigungszeremonie und hofften, dass er oder sie ihre eigene Lebensform wieder aufnehmen und dass sich eine Partnerin oder ein Partner finden möge, die ihnen helfen würden, den Weg zurück in die Gemeinschaft der Navajos zu finden.

Die Behörden hofften dagegen, diese jungen Männer und Frauen würden zu Katalysatoren werden, die das Volk im Sinne der Weißen weiterentwickeln würden. Stattdessen wurden die »Studierten« zurückgeworfen in das ursprüngliche Dasein oder zu mehr oder weniger unglücklichen Wanderern zwischen den Welten.

Einige wenige versuchten, außerhalb der Reservate einen Job zu finden oder sich sonst wie durchzuschlagen. Man hatte den jungen Leuten zwar Rechnen, Englisch und andere Kenntnisse beigebracht, doch sie besaßen nicht die Einstellung der weißen Rasse. Sie wussten nicht, in welcher Form sie sich in die neue, fremde Gesellschaft einbringen mussten. Einem Navajo war nicht klar, dass er sich erst einmal anbieten und dann »verkaufen« musste, um in der Gemeinschaft der Weißen akzeptiert und auf der Stufenleiter des Erfolgs aufwärts steigen zu können. Ein Navajo war gewohnt, innerhalb des beschützenden Kreises der Familie, des Clans zu leben. Das Wohlergehen der Gemeinschaft war gleichbedeutend mit seinem eigenen Wohlergehen. Große persönliche Initiativen wurden von ihm nicht erwartet. In der Schule war es immerhin noch die Gemeinschaft der Schüler, die diese Funktion übernommen hatte. Danach stand er plötzlich allein und auf sich selbst gestellt in der oft genug feindlichen Fremde. – Für einen Indianer war das eine Horrorvorstellung.

Das Resultat war, dass die meisten jungen Leute »back to the blanket« gingen, das heißt, sie schmissen ihren Job, gingen zurück nach Hause. Nicht wenige verfielen dem

Feuerwasser, dem Flaschenteufel und Fluch so vieler Indianer.

Tragisch endete das Experiment der Indianer-Internate für den alten Manuelito. Der einstige Krieger hatte zugestimmt, zwei seiner Söhne in die berühmte Indianer-Schule des Colonel Pratt nach Carlisle im Bundesstaat Pennsylvania weit in den Osten der USA zu schicken. Beide starben an der Tuberkulose, der schrecklichen Geißel der Indianer, gegen die sie kein natürliches Immunsystem besitzen. Für Manuelito war es ein furchtbarer Schlag. Noch mehr als je zuvor suchte er Trost in der Flasche.

*

Vielleicht war es der Einfluss der Händler oder Kontakte mit Weißen außerhalb des Reservats, vielleicht waren es aber auch Beispiele aus den eigenen Reihen, denn langsam setzte sich trotz der Widerstände und Bedenken der Traditionalisten die Ansicht durch, dass eine schulische Erziehung in der heutigen Welt auch für einen Navajo Vorteile bringt. Um die Jahrhundertwende brach der Damm.

Im Jahre 1903 gab es immerhin schon 300 Kinder, die regelmäßig eine Schule besuchten. 300 bei einer Bevölkerung von 23 000 war nicht viel, doch die Ängste schwanden weiter; die auch in den Augen vieler Navajos unbestreitbaren positiven Elemente einer »weißen« Erziehung sprachen sich herum. Eine Lehrerin, Emma de Vore, erklärte: »Es war das erste Jahr, in dem ich nicht die weit verstreuten Lager aufsuchen musste, um meine Schüler zusammenzuklauben.«

Die Schule wurde akzeptiert und im Laufe der Zeit auch im Reservat eine anerkannte Institution. Selbst wenn manche Eltern immer noch dachten, sie würden den Weißen einen großen Gefallen tun, wenn sie ihre Sprösslinge zur Schule schickten und sie eigentlich dafür bezahlt werden sollten.

*

Um die Jahrhundertwende widersprachen die Navajos als einziges eingeborenes Volk Nordamerikas der vorherrschenden Tendenz, die Indianer seien eine aussterbende, vom Untergang bedrohte Rasse.

Es war nicht nur ihre zahlenmäßige Stärke von damals rund 20 000 Seelen. Es waren auch die äußeren Lebensumstände, die nach dem gültigen Standard als zufrieden stellend bis gut bezeichnet werden konnten: Die Navajos besaßen rund 100 000 Pferde, eine Million Schafe und 250 000 Ziegen. Jeder Navajo, Mann, Frau und Kind, verfügte im Durchschnitt über fünf Pferde und 60 Stück Schafe oder Ziegen. Natürlich waren die Güter dieser Welt auch unter diesen Indianern nicht gleich verteilt. Es gab wenige *Ricos* und viele arme Schlucker.

Doch die innere Verfassung des Volkes zählte – und die war weitgehend intakt. Die Zeremonien und die Künste hatten die Navajos weitgehend von den Nachbarvölkern übernommen, die Weberei und den Ackerbau, die Sandmalerei, viele Zeremonien von den Pueblo (streng genommen könnte auch die Navajo-Schöpfungsgeschichte als Plagiat bezeichnet werden), die Viehzucht von den Spaniern, die Silberschmiedekunst, die Mode der Jahrhundertwende von den Mexikanern, das Handelsgeschick von den US-Amerikanern. Aber sie passten alle Fremdeinflüsse an ihre Kenntnisse, an ihre Vorstellungswelt an, machten sie sich zu Eigen und verschmolzen sie mit ihren ureigenen Fähigkeiten.

Wenige ursprüngliche Rituale wie die traditionellen Initiationszeremonien der pubertierenden Mädchen oder das Schwiegermutter-Tabu hatten sich über die Jahrhunderte gehalten. Vieles, was jetzt als »typisch Navajo« gilt und für das Volk identitätsstiftend wurde, ist das Ergebnis kulturellen Austausches.

*

Die Wende vom 19. zum 20. Jahrhundert war zweifelsohne ein Höhepunkt in der Entwicklung der Navajo-Nation. Es schien, als sei ein Großteil des Volkes im Wesentlichen zufrieden mit der alten, traditionellen Lebensform analphabetischer Halbnomaden, mit ein paar Errungenschaften der Moderne, versteht sich. Es bestand offenbar kaum ein Bedürfnis, zu den Nachbarn aufzuschließen, die im Eilschritt in das 20. Jahrhundert hineinmarschierten.

So positiv der Zustand der Zufriedenheit für das einzelne Individuum und auch für die Gemeinschaft eines ganzen Volkes ist, er bedeutet auch Stillstand und ist auf die Dauer nicht durchzuhalten, wenn rundherum der so genannte Fortschritt mit immer neuen Anreizen in die nur halbwegs geschlossene Gesellschaft hineinstrahlt, wenn Menschen von anderen überholt werden und schließlich ganz zurückbleiben und die Bedrohung besteht, ganz abgehängt zu werden.

Um einer weltentrückten Nabelschau und damit der Stagnation der Entwicklung entgegenzuwirken, nahm der damalige Agent, Lieutenant Plummer, eine Delegation von Navajos mit auf die Weltausstellung in Chicago im Mai 1893. Die zurückgekehrten Indianer berichteten tief beeindruckt, »dass die Weißen wie Ameisen auf

Navajo-Schäfer (1915)

einem Termitenhügel herumkrabbeln«. Die Weitgereisten räumten endgültig mit der vagen Ansicht auf, dass man eines schönen und guten Tages die Bleichgesichter vielleicht doch noch aus dem Land herausjagen könnte.

Jetzt war auch dem Letzten klar: Es waren ihrer viel zu viele, und sie waren viel zu mächtig. Die Botschaft lautete: Die Navajos mussten sich an der Welt der Weißen orientieren und nicht umgekehrt.

Bei näherer Betrachtung war die traditionelle Zersplitterung der Nation noch nicht ganz überwunden. Auch im Lebensstandard gab es ein bemerkenswertes Gefälle. Rund um Fort Defiance lebten jetzt die so genannten Zivilisierten in festen, wenn auch ärmlichen Häusern. Sie arbeiteten auf den Farmen der Umgebung, schickten ihre Kinder in die Schule und bemühten sich, den Anschluss an die sie umgebende Welt der Weißen nicht zu verlieren.

Andere hatten sich außerhalb des Reservats unter den Mexikanern im Süden und den Mormonen im Norden angesiedelt und bestellten als kleine Farmer oder Rancher den Boden, fristeten als Cowboys, Hausangestellte oder Saisonarbeiter ihr Dasein.

Die Navajos im Canyon de Chelly mit ihren Obstbaumplantagen und Maisfeldern schlugen sich ähnlich wie die von Little Water und San Juan und Umgebung als sesshafte Farmer durch ihr hartes, aber gutes Leben.

Ganz anders lebte ein Großteil des Volkes, das nach wie vor als »halb wilde« Nomaden von Weide zu Weide zog, unter freiem Himmel, in Reisighütten, Erdhäusern und, wenn es gut ging, auch mal in einem verrauchten, fensterlosen Hogan hauste.

*

Die teils überheblich-bürokratische, teils paternalistisch-bevormundende Einstellung in Washington der Urbevölkerung Amerikas gegenüber änderte sich ebenfalls. Der Indian Commissioner Leupp verkündete: »Die Wahrheit liegt darin, dass der Indianer eine eigenständige Individualität besitzt wie jeder Mensch, der jemals die Erde bevölkert hat. Er wird nur dann richtig eingeschätzt werden, wenn wir lernen, ihn nach seinen eigenen Wertmaßstäben zu beurteilen, so wie wir Weiße uns wünschen, so gemessen zu werden, wenn eine stärkere Rasse als wir selbst die Macht über uns ausüben würde.«

Doch es gab immer noch unverständliche Anordnungen und Anweisungen, zum Beispiel, dass jeder Indianer, der ein Fuhrwerk für seine Transporte haben wollte, sich zuvor die Haare schneiden lassen musste. Wir erinnern uns: Mit kurzen Haaren ließen sich nach Ansicht der Navajos keine bedeutsamen Zeremonien erfolgreich durchführen. Kurze Haare bedeuteten das Ausbleiben des Leben spendenden und erhaltenden Regens.

*

Das Reservat wurde weiter vergrößert. Es umfasste im ersten Jahrzehnt des 20. Jahrhunderts bereits 20 000 Quadratkilometer und war damit etwa so groß wie Rheinland-Pfalz.

Eine Reihe von Religionsgemeinschaften kümmerte sich um das Seelenheil der Navajos, aber auch um ihr physisches Wohlergehen. Die Presbyterianer waren als Erste da, doch gelang ihnen keine umfassende Missionierung. Die Episkopalkirche folgte 1897 mit einem kleinen Hospital in Fort Defiance. Die Franziskaner gründeten 1898 die katholische St. Michael's Mission mit angeschlossener

Knabenschule. In San Juan ließ sich ein methodistischer Missionar nieder. Nach Two Gray Hills kamen die Baptisten. In der Nähe von Fort Wingate bauten die Reformierten (Calvinisten) ihre Schule.

Grundsätzlich darf gesagt werden, dass diese Religionsgemeinschaften – gleich welcher Couleur – viel Gutes leisteten. Sie konzentrierten sich weniger auf die »Bekehrung der armen, heidnischen Seelen« als auf das leibliche und psychische Wohlergehen der Menschen. Sie versuchten, ihre schützende Hand über oft gutwillige, aber unbedarfte und naive Wesen auf dem Weg in eine komplizierte, mitunter menschenverachtende fremde Welt zu halten. Sie leisteten einen wichtigeren Beitrag im Heranführen an die Moderne als viele der Indianer-Agenten.

Sie bauten Hospitäler, die möglicherweise noch nötiger waren als Schulen, ehe die Regierung überhaupt daran dachte, ihrerseits in dieser Richtung tätig zu werden. Dic Presbyterianer kümmerten sich im eindrucksvollen Krankenhaus von Ganado nicht nur um die Gesundheit der Menschen, sondern bildeten vorzugsweise indianische Schwestern aus.

Auch hier gab es anfangs Schwierigkeiten. Die kranken Navajos gingen erst mal zu ihren Medizinmännern, unterzogen sich deren Beschwörungs- und Heilungsritualen. Die ganze Familie war um den Kranken herum, er oder sie war keineswegs ausgegrenzt. An diesen Ritualen nahmen alle Verwandten teil, die in erreichbarer Nähe lebten. Erst wenn all diese traditionellen Methoden nicht halfen, wurden die Kranken in die Hospitäler eingeliefert, oft nur, um dort zu sterben.

Das geschah im Sinne des überlieferten Glaubens, nach dem ein sterbender Mensch nach draußen, ins Freie gebracht wird, um das Wickiup, den Hogan oder das Haus nicht auf Dauer unbewohnbar zu machen. Denn vor dem Tod und vor den Toten hegten die Navajos wie eh und je eine riesige, tief wurzelnde Angst. Nur wenn ein Mensch bei der Geburt oder in hohem Alter starb, behelligte er die Lebenden nicht; sein Geist blieb friedlich, auch nachdem er den Körper verlassen hatte. Wenn er aber vorzeitig, trotz aller Vorsichtsmaßnahmen, innerhalb seiner oder einer fremden Behausung verschied, dann musste diese aufgegeben, am besten verbrannt werden.

Dieser Umstand warf aber zugleich ein weiteres Problem auf: Jeder wusste, dass in den Hospitälern immer wieder Menschen dahinschieden - ohne dass sie zum Sterben hinaus ins Freie gebracht wurden. Auch war es nicht möglich, mit diesen Gebäuden so zu verfahren wie mit den traditionellen Heimstätten der Navajos, das heißt, sie zu verlassen oder zu verbrennen. Also wimmelte es in der Vorstellung der Navajos in den Krankenhäusern von bösartigen Totengeistern, die wiederum eine schnelle Heilung verhinderten. Es war ein Teufelskreis.

Auf der anderen Seite war man froh, nichts mehr mit der Leiche zu schaffen zu haben - sie wurde erst von den Händlern, dann meist von den Missionaren begraben. Der Sarg war von den weißen Behörden zur Verfügung gestellt worden. Das klingt herzlos den Verstorbenen gegenüber, aber die Navajos waren jedem Totenkult abhold. Jeder Kontakt mit einer Leiche, auch wenn es der oder die Allerliebste war, war für sie eine Horrorvorstellung. Die sterblichen Überreste eines Menschen hatten nach ihrer Ansicht nicht nur jede Identität mit dem zuvor lebenden Wesen verloren, sie waren darüber hinaus zu einer Heimstatt übel wollender Geister geworden, denen man am besten weit, weit aus dem Wege ging.

Es war aber auch die fremde Umgebung, das Alleinsein in den Krankenhäusern, von der unpersönlichen Behandlung und Abfertigung durch die Doktoren und Schwestern einmal abgesehen, die den Patienten zu schaffen machten. Manche flüchteten aus den Hospitälern, auch wenn die Behandlung keineswegs abgeschlossen war. In nicht wenigen Fällen wurden sie dann von Medizinmännern geheilt, während die Kunst der Doktoren sich zuvor als vergeblich und vertan erwiesen hatte. Heute ist die Medizin längst so weit, zuzugeben, dass der intensive, starke Glaube nicht nur Berge versetzen, sondern auch Heilung bewirken kann.

*

Zurück zur Religion: Wie bei den übrigen Indianern bestand und besteht bei den Navajos keine Trennung zwischen der sichtbaren Umwelt, den Tätigkeiten des Alltags und der Religionsausübung. Das heißt, die ursprüngliche Welt war für sie angefüllt mit übernatürlichen Kräften, Wesen, guten und bösen Geistern, Dämonen, Riesen, Kobolden, Wichten, Wasserungeheuern. Alle natürlichen Vorgänge und Erscheinungen wie Wachstum, Gewitter, Schnee, Regen, Hagel waren von diesen übernatürlichen Kräften gesteuert. Alle Pflanzen, Tiere, aber auch Felsen, Quellen, Höhlen, Berge und Canyons waren beseelt. Durch gewisse, genau vorgeschriebene Rituale - auch durch die Sandmalerei - war es dem Menschen möglich, die Geister und ihre Aktionen positiv zu beeinflussen.

Es geht bei dieser Form der Religionsausübung allerdings nicht um abstrakt-verschwommene Begriffe wie Gottesdienst, Sündenstrafe und ewiges Leben, sondern um ganz konkrete Wünsche, wie Heilungen bei Krankheiten, Verschonung vor dem Unglück, aber auch um den materiellen, persönlichen Erfolg, Beilegung von Streit, Abwendung und Bewältigung einer drohenden Gefahr, um die eigene Zufriedenheit und das ganz individuelle Glück.

Hozoh – die umfassende Harmonie war und ist letztendlich das große Ziel aller Zeremonien. Das angestrebte Glück und Wohlbefinden des Einzelnen kann nach Ansicht der Navajos nur durch die Harmonie von Natur und aller in ihr existierenden Wesen erreicht werden. Wenn der Einzelne eine positive Ausstrahlung hat, weil es ihm gut geht, reflektiert er diese Kräfte auch auf die Familie, die Sippe, die direkte und die weitere Umwelt, die gesamte Natur.

Da die entsprechenden Rituale in der Gemeinschaft der ganzen Sippe zelebriert werden, bedeuten sie auch für die Nichtbeteiligten beziehungsweise Nichtbetroffenen Trost und Zuversicht, ganz abgesehen von einer Bekräftigung und Bestärkung der sozialen Verbindung untereinander. Fremde sind mitunter bei solchen Zeremonien erwünscht, manchmal auch nicht. Im letzteren Fall werden diese höflich gebeten, den Ort des Geschehens, den Ritual-Hogan, zu verlassen.

Die Verbindung zum Übernatürlichen stellten und stellen die Medizinmänner oder Schamanen her, die bei den Navajos »Sänger« oder »Hataalii« genannt werden. Zur Kontaktaufnahme mit den Geistern ist eine langjährige Übung erforderlich und eine Lehrzeit bei einem erfahrenen »Sänger« die Voraussetzung. Die »Hataalii« werden für ihre Dienstleistungen je nach Dauer oder Umfang bezahlt.

Ein bei der Heilzeremonie vorgetragener Gesang hatte folgenden Inhalt:

Im Hogan der Morgendämmerung
im Hogan des Abendlichtes
im Hogan der dunklen Wolke
im Hogan des Regens
im Hogan des Nebels
im Hogan der Blütenpollen
im Hogan der Heuschrecken

Im Hogan, wo die dunkle Wolke die Tür verhüllt
im Hogan, wo der Weg über einen Regenbogen führt
im Hogan, wo die Zackenspur des Blitzes erscheint

O Mächtiger!

Lege deine Mokassins an und schreite über die
dunkle Wolke, auf dass der Donner dich begleite

Komm zu uns!

Schreite über die Regenwolken zu deinen Füßen
Regenwolken folgen deinem Weg
umleuchtet vom Zucken der Blitze

Komm zu uns!

Wir halten ein Opfer für dich bereit
ich weihe dir den Rauch des Feuers

Gib seinen Füßen neue Kraft
gib seinen Schenkeln neue Kraft
gib seinem Körper neue Kraft
stärke und erneuere seinen Geist

Entferne die Krankheit aus ihm.

Du hast die Krankheit aus ihm genommen
du hast sie weit weg gebracht

Freudig spüre ich
wie seine Kraft zurückkehrt
seine Augen werden klar
seine Gedanken werden rein
er kann seine Glieder wieder gebrauchen

Du hast die Krankheit von ihm genommen

Er mag schmerzlos weiterwandern
er mag glücklich wandern
er mag wie ein Jüngling wandern

Er mag froh dahinwandern unter der Regenwolke
er mag sich kühlen im rauschenden Regen
er mag wandern durch grünende Pflanzen
er mag freudig wandern über den Pfad, umgeben
von Leben erhaltenden Pollen und voller Freude

Schönheit sei über uns
Schönheit sei unter uns
Schönheit sei hinter uns
Schönheit sei vor uns
Schönheit sei um uns
In Schönheit und Harmonie sei alles vollendet

Der Wunsch nach Schönheit und Harmonie – das ist das Amen der Navajos.

Dazu bemerkte David Kindle in Denver im Jahre 1968: »Dem weißen Mann fehlt etwas sehr Wichtiges trotz seines Erfindungsreichtums und seiner Klugheit. Er hat den Zugang zu den Göttern verloren. Wir Indianer besitzen immer noch die Ehrfurcht vor unseren Geistern und gehorchen ihren Gesetzen, wie die Welt um uns auch immer aussehen mag.«

Glaube und Aberglaube – wie dicht liegen sie beisammen. Die Angst vor Verwünschungen und Hexen scheint bei den Navajos unausrottbar. Glücklicherweise werden allerdings heutzutage die Verbreiter der schwarzen Magie nicht mehr wie einst verfolgt und getötet, sondern mittels geheimer Rituale und Zeremonien »unschädlich« gemacht.

»Wir haben die Spanier, die Missionare und die Verbannung überlebt«

Irgendwann in den frühen zwanziger Jahren des 20. Jahrhunderts schien das Glück die Navajos zu verlassen. Eine Folge von Schlechtwetterperioden vernichtete die Ernten und zum Teil das Futter der Schafe. Die Schafe hatten sich weiter vermehrt. Niemand wollte im Ernst auf seine Pferde verzichten. Wie vorausschauende Leute schon lange prophezeit hatten, wurde das Gras knapp. Hinzu kam, dass sich die wenigen *Ricos* unter den Navajos eine unverhältnismäßig große Menge gutes Land unter den Nagel gerissen hatten, sodass auch in dieser Hinsicht das Gleichgewicht gestört war.

Es gab immer noch 750 000 Schafe – viele waren zuvor zum Lebensunterhalt der Familien geschlachtet worden – nach wie vor viel zu viel.

Zum anderen hatte sich das Volk so sehr vermehrt, dass es enger zusammenrücken, dass die Ressourcen für das einzelne Individuum immer knapper wurden. Wenn zu den schon kargen Verhältnissen im Zuge der amerikanischen Depression sich noch eine Reihe von hungrigen Mäulern von außerhalb des Reservats einfand – denn auch da hatten Unwetter und Trockenheit ihre Auswirkungen hinterlassen –, zeichnete sich rasch die Katastrophe ab. Den Grund für die Misere sahen die Navajos jedoch vor allem in der Tatsache, dass die alten Zeremonien zum Teil vergessen, zum Teil nicht mehr ordnungsgemäß durchgeführt worden waren.

Es war gekommen, wie es kommen musste: Jede Entwicklung stößt irgendwann an ihre Grenzen, weil die

Navajo, fotografiert von Edward S. Curtis

Ressourcen nicht mehr ausreichen. Die Naturkatastrophen gaben nur den letzten Anstoß. Das Weideland für die Schafe reichte trotz der gewaltigen Größe des Reservats nicht mehr aus. Die Schafe magerten ab, die Wollproduktion stagnierte. Die über 100 000 zum Teil halb wilden, zum Teil völlig verwilderten Pferde verzehrten wertvolles Futter - pro Exemplar die fünffache Menge eines Wolltieres.

Seit Jahren hatten die Agenten die Navajos gedrängt und dann beschworen, auf Tausende und Abertausende von nutzlosen Pferden zu verzichten und dafür mehr Weidefläche für die Schafe zu sichern. Doch einem Navajo sein Pferd abzunehmen, das kam in seinen Augen einer Kastration, dem Verzicht auf seine Männlichkeit, gleich. Pferde waren oft der einzige Besitz, der Stolz der Männer. Je mehr Pferde sie besaßen, umso höher war ihr Ansehen. Jegliches wirtschaftliche Denken schaltete zugunsten überlieferter, emotionaler Traditionen ab.

»Wenn es einmal keine Pferde mehr gibt, dann existieren bald auch keine Navajos mehr«, war die stereotype Antwort der Männer auch auf die Hinweise wohlmeinender Weißer.

Nachdem die Agenten diese Barriere in den Köpfen nicht überwinden konnten, suchten sie nach anderen Auswegen. Sie verfielen auf die Einführung der Rambouillet-Schafböcke und hofften, dass auf diese Art und Weise weniger, aber dafür kräftigere Lämmer geboren würden, die später mehr Wolle und Fleisch produzierten, aber kaum mehr Futter verbrauchten. Der Versuch scheiterte. Die Lämmer erwiesen sich als zu groß für die armen kleinen Churro-Mütter. Wenn sie doch durchkamen und aufwuchsen, dann erwies sich die Wolle als zu kraus gelockt und zu fetthaltig zur Verarbeitung durch die Navajos. Es kam zu weiteren, teils erfolgreichen, teils desaströsen Kreuzungen mit dem Resultat, dass das zähe alte Churro, das einst die Grundlage für den wirtschaftlichen Erfolg der Navajos gelegt hatte, 1933 praktisch von der Bildfläche verschwunden war.

Der nächste Versuch der Behörden, das Futterproblem in den Griff zu bekommen, war die Einteilung des Reservats in Weidedistrikte. In jedem Distrikt durfte nur eine bestimmte Anzahl von Schafen, die entsprechende Anzahl von Pferden (dividiert durch fünf) oder von Rindern (dividiert durch vier) gehalten werden. Dann würden die verbleibenden Tiere fetter, die Erträge besser, die Abnutzung der Weideflächen geringer sein.

Doch für die allermeisten Navajos war diese vernünftige Form einer überlegten Flächennutzung unverständlich und auch nicht zu vermitteln. Gewiss, es war schrecklich, mit ansehen zu müssen, wie die halb wilden und wilden Pferde eingefangen und mit Lastwagen in die Schlachthäuser transportiert und dort zu Hundefutter verarbeitet wurden.

Die Behörden kauften Ziegen und Schafe auf und ließen sie ebenfalls schlachten. Es wurde eine Art von Lizenz ausgegeben: Jeder Schafzüchter durfte eine bestimmte Anzahl Schafe halten und kein einziges Stück mehr. Wer bislang keine Schafe besessen hatte, erhielt keine Lizenz. Es gab in diesem System gewiss eine Menge Ungerechtigkeiten, aber es war die einzige Chance, das Problem der Übergrasung in den Griff zu bekommen und die Zukunft zu sichern.

*

Für die traditionell eingestellten Navajos kam das alles zu schnell. Aus langer, schlechter Erfahrung begegneten sie den Anordnungen der Behörden mit tiefstem Misstrauen. Manche befürchteten eine Verschwörung des weißen Mannes mit der Absicht, die Indianer zugrunde zu richten. Sie verhielten sich dickköpfig, stur und passiv: beim Schulbesuch ihrer Kinder, beim Frequentieren der Hospitäler, in der Wahrnehmung ihrer neu erworbenen Bürgerrechte.

Sie verstanden nicht, dass es nicht möglich war, die guten alten Freizügigkeiten, Traditionen und Lebensformen aufrechtzuerhalten und sich gleichzeitig die angenehmen und nützlichen Dinge aus dem überbordenden und verwirrenden Angebot der Weißen herauszuklauben.

Sie verstanden nicht die Alternative: Entweder mussten sie gemeinsam mit den Weißen in Richtung Zukunft marschieren oder aber auf viele lieb gewordene Gewohnheiten verzichten. Ruth Underhill schreibt: »Die Navajos waren aufgerufen, den Umbruch vom Mittelalter in die moderne Zivilisation in einem Sprung zu machen. Das war sehr schwierig. Es war für die Nation die dunkelste Stunde der Nacht, es war die Stunde vor Anbruch des Morgengrauens.«

Die Probleme waren komplexer, als es sich die Eingeborenen vorstellen konnten. Der Südwesten hatte sich mit Menschen gefüllt, und das Reservat konnte nicht auf Kosten der einen oder anderen Gruppe weiter ausgedehnt werden. Wasser war ein Thema, um das es heiße Dispute gab. Nachdem kein anderer Ausweg mehr blieb, als wieder einmal an Navajos Rationen auszugeben, rebellierten die US-Steuerzahler.

Die Depression hatte Millionen und Abermillionen ins Elend gestürzt. Die zum Teil hausgemachten Probleme der Indianer wurden nicht eben vorrangig behandelt.

Doch der so genannte »New Deal« – das Programm der nationalen Wohlfahrt – sollte die Lage auch für die Navajos wenden. Sie wurden wie Weiße behandelt. Wenn sie in Maßnahmen der Arbeitsbeschaffung mit einbezogen wurden, wurden sie wie Weiße bezahlt. Ein Weißer krebste damit immer noch am Existenzminimum herum, doch für einen Navajo, der zuvor gerade mal ein Dutzend Dollar im Jahr eingenommen hatte, bedeutete es Wohlstand.

Zusätzlich wurden die öffentlichen Arbeiten zukunftsorientiert durchgeführt, das heißt, zum Ausbau von künstlicher Bewässerung und zur Verbesserung der Bodenqualität. Gleichzeitig lernten die jungen Männer aus den abgelegenen Teilen des Reservats, wie man mit vorher unbekannten Werkzeugen, Pickups, Traktoren und Baumaschinen umgeht. Vielleicht noch wichtiger: Sie konnten und mussten sich an Arbeitsrhythmus und -weise des weißen Mannes gewöhnen, was ihnen auch später zugute kommen sollte.

Gleichzeitig wurden Abendschulen eingerichtet, in denen die Indianer Englisch lernten, handwerkliche Fähigkeiten erwerben konnten, zu Spezialisten ausgebildet wurden.

Das ging alles auf Kosten der ursprünglichen Tradition und Kultur, doch die war längst nicht mehr in vollem Umfang aufrechtzuerhalten. Ein Händler kalkulierte, dass eine Navajo-Frau beim Weben einer Decke im Durchschnitt fünf Cent pro Stunde verdiente – ein ungelernter Arbeiter dagegen bekam 40 Dollar im Monat. Auch die hochspezialisierten und kunstfertigen Silberschmiede erlösten nur ein Bruchteil der Summen, die bei Regierungsprogrammen zu verdienen waren.

Die zuvor geübte Solidarität unter den Mitgliedern der Großfamilien litt. Die Regeln der Gastfreundschaft wurden nicht mehr wie zuvor beachtet. Pferde wurden durch Pickups ersetzt. Wenn die Navajos nicht nur überleben, sondern wieder prosperieren wollten, dann mussten sie mehr als je zuvor den Weg des weißen Mannes einschlagen.

Eine »Hauptstadt« musste her als Sitz der Zentralverwaltung, des »Council House«. Die Wahl fiel auf Window Rock in der Nähe von Fort Defiance.

Die Navajos hatten inzwischen ihre eigene Gerichtsbarkeit erhalten, jedoch ohne dass diese Kapitalverbrechen verhandeln durfte. Das riesige Reservat war in fünf Agenturen aufgeteilt worden: Fort Defiance, San Juan (später Shiprock), Leupp, Tuba City und Pueblo Bonito (später Crowspoint).

Die angestrebte Selbstbestimmung und Eigenverwaltung stieß anfänglich auf Unverständnis im Volk. Ursprünglich wurden die Entscheidungen im Council getroffen, dem alle Männer, die sich einfanden, angehörten. Alle Fragen wurden so lange diskutiert, bis ein einstimmiger Beschluss gefasst wurde. Es stand aber jedem frei, sich später an diesen Beschluss zu halten oder nicht.

Jede Form von Regierung mit einem Präsidenten, Vizepräsidenten und Sekretären ebenso wie die Mehrheitswahl und gewählte Volksvertreter war ihnen fremd. Doch die Idee setzte sich nach anfänglichen Schwierigkeiten durch.

*

Im Jahre 1924 hatte sich die US-Regierung unter Präsident Coolidge dazu aufgerafft, alle Indianer der Vereinigten Staaten zu Staatsbürgern erklären. Damit erhielten sie auch das Recht, an den Präsidentschaftswahlen teilzunehmen. Doch bei den für sie wichtigeren Gouverneurswahlen in den Bundesstaaten New Mexico und Arizona blieben die meisten außen vor: Die beiden Staaten verlangten von jedem Wähler, dass er Lesen und Schreiben konnte, um abstimmen zu dürfen. Das kümmerte die Wenigsten, denn ein normales politisches Bewusstsein war ihnen noch fremd.

Bis dahin hatten sie jegliches unerlaubtes Eindringen von Fremden in ihr Territorium verhindert. In einem Fall waren zwei Prospektoren »auf ungeklärte Art und Weise« zu Tode gekommen. Das Oberste Bundesgericht bestätigte den Navajos, dass jeder nur mögliche Reichtum unter der Oberfläche der Erde ihr Eigentum sei. Was das bedeutete, erkannten sie erst später – als in der Nähe von Shiprock Öl gefunden und später in der Black Mesa Kohle abgebaut wurde. Im Jahre 1950 fand der Navajo Paddy Martines in der Wüste von Arizona jenen bewussten Uranerzklumpen, mit dem der großräumige Abbau dieses zum Fürchten gefährlichen Minerals begann. Es floss Geld, viel Geld in die Kassen des Navajo-Volkes. Doch darüber herrschte nicht nur unreflektierter Jubel.

Der bereits zitierte David Kindle stellte die Frage: »Was, so frage ich euch, wird aus diesem Land werden, das wir lieben, das uns anvertraut wurde?«

Der Navajo-Journalist Jimmie Begay hält folgende Antwort bereit: »Wenn wir der Erde etwas wegnehmen, müssen wir ihr auch etwas wiedergeben. Wir und die Erde sollten Freunde sein, die geben und nehmen. Das Mindeste, was wir ihr entgegenbringen müssen, ist Respekt. Der Abbau von Öl, Uranerz und Kohle hat der Erde bereits großen Schaden zugefügt, aber wenn wir wollen, kann dieser Schaden wieder gutgemacht werden. Beim Heben von Bodenschätzen werden Pflanzen ver-

Navajo, fotografiert von Edward S. Curtis

nichtet. Es wäre recht und billig, der Erde Samen und junge Schößlinge anzubieten. Dadurch könnte das ersetzt werden, was zuvor zerstört wurde. Wir müssen lernen: Wir können nicht immer nur nehmen, ohne selber etwas zu geben. Wir müssen unserer Mutter Erde wenigstens so viel geben, wie wir ihr weggenommen haben.«

Die Medaille hatte eine weitere Kehrseite: Ohne es zu merken, hatten die Navajos auch ihre wirtschaftliche Unabhängigkeit aufgegeben; sie waren von der Welt der Weißen abhängig geworden. Sie kauften beim Händler Weizenmehl, um ihr »Squaw bread« zu backen. Sie trugen inzwischen Hosen, Hemden, Röcke und Blusen aus den Regalen der »Trader«. Sie versorgten sich mit Kaffee, Zucker, Dosenfrüchten und Süßigkeiten für die Kinder. Hin und wieder mussten sie Küchengeräte und Werkzeuge ersetzen. Das alles kostete Geld – und dieses Geld musste erst aufgebracht beziehungsweise erarbeitet werden.

Die Navajos wollten auf ihrem eigenen Pfad weitergehen, aber sie mussten die Bleichgesichter zumindest auf einem Teil ihres Weges begleiten.

Das bedeutete ein Stück Unfreiheit. Je mehr man konsumierte oder zu brauchen glaubte, umso größer wurde diese Unfreiheit. Das ist eine simple, aber eine unumstößliche Tatsache im Dasein des allergrößten Teils der moderneren Menschheit. Auch die Navajos – halb zog es sie, halb sanken sie hin – schlossen näher und näher auf zum oft gebenedeiten und ebenso oft verfluchten »American Way of Life«.

*

Der Krieg ist der Vater vielleicht nicht aller, so jedoch vieler Dinge. Das erfuhren auch die Navajos. Die Rede ist vom Zweiten Weltkrieg. Als US-Staatsbürger wurden auch die Navajos eingezogen. Viele warteten die Prozedur überhaupt nicht erst ab, sondern meldeten sich freiwillig. Unter ihnen war eine Anzahl von Gicht und Rheumatismus geplagten Veteranen, die begeistert mit ihren verrosteten Flinten herumfuchtelten und fragten, wo sich denn der Feind befände.

Für die meisten der jungen Navajos waren die Härten des Soldatenlebens ein weiches Ruhekissen im Vergleich zum Dasein im Reservat. Die alten, nur verschütteten kriegerischen Instinkte brachen wieder auf, wenn es in den Kampf ging. Es kam während des Krieges so weit, dass Funksprüche in Navajo abgesetzt wurden. Keine gegnerische Nation war in der Lage, den »Navajo Code« zu entschlüsseln.

Die Navajos tankten Selbstbewusstsein, sie waren gleichberechtigt oder aufgrund ihrer kriegerischen Qualitäten gar Bevorzugte. Sie lernten Englisch, diszipliniertes Verhalten und eine Menge handwerklicher Fertigkeiten, die sie später im Kampf um gute Jobs mit den Weißen konkurrenzfähig machten.

Militärdienst bedeutete aber auch, dass die roten Soldaten einen »paper name« annehmen mussten und die Ehegesetze der Weißen zu beachten hatten. Die Besoldung richtete sich nicht nur nach dem Dienstgrad, sondern auch nach der zu unterstützenden Familie, das heißt der Ehefrau und der Anzahl der legitimen Kinder. Zuvor hatten die Navajo-Paare sich zusammengefunden, sich wieder getrennt, ohne dass eine Registrierung erfolgte. Manche *Ricos* hatten zwei oder gar drei Frauen. Das führte zu Problemen, sowohl hinsichtlich der Moral, wie sie die Kirchen predigten, wie auch der weißen Bürokratie, für die keine Bigamie existierte.

Sogar das Problem des Umgangs mit dem Tod änderte sich. Die Navajo-Soldaten ließen es sich nicht nehmen, ihre gefallenen Kameraden auf einem Ehrenfriedhof bestatten zu lassen und ihre Gräber zu besuchen. Ein in seiner Tradition verhafteter Navajo hätte sich eher ein Auge ausstechen lassen, als sich einer solchen Stätte des Todes auch nur zu nähern. Langsam setzte sich auch bei diesem Volk durch, die Verblichenen nicht hastig irgendwo zu verscharren, sondern ihnen eine würdige Ruhestätte zu verschaffen.

Es waren viele kleine Schritte, die zu einer Neuorientierung der Navajos und zu ihrem Anschluss an die Welt der Weißen führten, doch innerlich blieben viele der traditionellen Werte bestehen und wurden weiter gepflegt, wenn auch in äußerlich veränderter Form. Aber die Navajos hielten nie grundsätzlich und starr an etwas fest, wenn sie es als opportun ansahen, gewisse Neuerungen einzuführen, soweit diese Neuerungen kein Unglück über Mensch und Tier brachten.

Das Reinigungsritual nach einem Aufenthalt in der Fremde, der Squaw Dance, der Enemy Way Dance – für sie alle fand sich eine mehr oder weniger veränderte Choreographie. Der so genannte Public Dance wurde an die Modetänze der Weißen angepasst.

Es kam Geld ins Reservat, in Form von Arbeitslöhnen, in Form des Soldes der Soldaten, der direkt an die Frauen und Eltern ausgezahlt wurde. Manche Frauen steckten das Geld in Mode, behängten sich opulent mit Silber- und Türkisschmuck, kleideten sich in teure Samtblusen und -röcke. Mokassins verschwanden, dafür leistete man sich dafür exklusive »Sneakers«.

Mit dem Geld kam natürlich auch Alkohol ins Reservat. Es bestand zwar ein Verbot des Whisky-Verkaufs seit dem Jahr 1802, doch das hatte sich schon in der Vergangenheit als nicht durchsetzbar erwiesen. Darüber hinaus gab es in den USA und Kanada ein Gesetz, das den Ausschank und Verkauf von alkoholischen Getränken an die Ureinwohner untersagte. Aber es gab genügend Möglichkeiten, diese Vorschrift zu umgehen, die Regeln aufzuweichen.

Die Indianer empfanden diesen Zustand als diskriminierend, und es ist vor allem den Kriegsveteranen zu verdanken, dass auch in dieser Hinsicht eine Gleichstellung der Rassen erreicht wurde. Das Problem des besonders unter den Indianern verbreiteten Alkoholismus und der damit verbundenen sozialen Verwerfungen und Auswüchse wurde damit natürlich nicht gelöst. Im Gegenteil...

Männer stolzierten in glitzerndem Cowboy-Outfit durch die Straßen von Gallup. In den Hogans wurden die offenen Feuerplätze durch Petroleumöfen ersetzt. Das Statussymbol der jungen Männer war bald nicht mehr das Pferd, sondern der Pickup oder Jeep mit Vierradantrieb. Möbel wurden angeschafft, ebenso wie Besteck, Geschirr und Küchenmaschinen. Es wurden Betten bestellt, Kühlschränke als Statussymbol gekauft, obwohl es in weiten Teilen des Reservats noch keine Elektrizität gab. Billiges Kinderspielzeug und bunter Kitsch machte sich auch in den Hogans breit. Batteriebetriebene Radios plärrten Tag und Nacht. Nur der Bau von Häusern ging sehr langsam vor sich, denn noch immer waren viele der Ansicht, dass man seine Wohnstätte verlassen müsse, wenn darin ein Mensch gestorben war. Also lohnte es sich nicht.

Doch die Boomzeiten des Krieges gingen vorüber, die Situation normalisierte sich wieder. Für die überwiegende Mehrheit der inzwischen über 50 000 Navajos waren die von außen einströmenden Änderungen der Verhältnisse zum Guten oder Schlechten unbegreiflich.

Die Alten suchten immer noch Trost und Seelenfrieden in ihren Zeremonien, doch die Jungen – vor allem die aus der Fremde Zurückgekehrten – kümmerten sich kaum noch darum. Das Alkoholproblem nahm bedrohliche Formen an. Es gab keine Arbeit und kaum Geld, und das wenige vorhandene Geld wurde in Whisky umgesetzt. Viele Familien stürzten ins Elend ab.

Es gab inzwischen an die 30 christlichen Kirchen innerhalb des Reservats, aber die Navajos taten sich immer noch schwer, ihre alten religiösen Vorstellungen aufzugeben. Ihre Phantasie war nicht auf eine diffuse Zukunft nach dem Tod, sondern vollkommen auf das Diesseits ausgerichtet. Das Jenseits war und ist für viele von ihnen angefüllt mit düsteren Schatten und bösen Geistern, von denen man sich am besten fern hält.

Größeren Erfolg als alle christlichen Religionsgemeinschaften zusammengenommen hatte die den so genannten Peyote-Kult zelebrierende »Native American Church«. Der Kult ist im Prinzip eine Verbindung von christlichen Glaubenslehren mit traditionell indianischen religiösen Elementen.

Es dauerte eine gute Zeit lang, bis die Navajos dieser Religion größere Beachtung schenkten, die sich unter den übrigen indianischen Völkern gegen Ende des 20. Jahrhunderts rasch verbreitete. Inzwischen bekennt sich etwa die Hälfte der Navajos zur »Native American Church of North America«. Ihren besonderen Aspekt erhält diese Religion durch die Einnahme von Peyote während der wichtigsten Rituale.

Peyote ist ein Kaktus, der unter anderem auch Mescalin enthält. Meskalin ist eine Droge, die zur leichten Bewusstseinserweiterung, allerdings in dieser Form nicht zur Abhängigkeit führt. Peyote schützt nach Auffassung der Gläubigen vor Hexerei, heilt physische und psychische Gebrechen, fördert das Wohlbefinden, spendet Trost und Zuversicht.

Die Zeremonie dauert von Sonnenuntergang bis Sonnenaufgang. Der Rauch des Zypressenholzes reinigt die Gläubigen; es werden spontane Gebete gesprochen, Lieder gesungen, Zigaretten geraucht, knochenloses Fleisch gemeinsam verzehrt. Einer nach dem Anderen trommelt – und immer wieder werden Peyotefrüchte herumgereicht. Es wird zur Eröffnung ein abendliches, ein mitternächtliches und ein abschließendes morgendliches Wasserritual zelebriert.

Diese Religion – einst von den Weißen bekämpft – trägt inzwischen entschieden dazu bei, den Abbau der traditionellen Werte zumindest zu verlangsamen, den Alkoholismus zu bekämpfen und die Menschen in den Reservaten aus ihrer Lethargie zu reißen.

*

Doch die drängendsten materiellen Probleme konnte und kann auch der Peyote-Kult nicht lösen. »Schickt Hilfe, die Navajos verhungern!«, hieß es 1947 einmal mehr. Die Tuberkulose forderte unter dem unterernährten Volk vermehrte Opfer. Immer noch gab es viele, die medizinische Hilfe ablehnten. Die Medien nahmen sich der Sache an, und ein Strom von nützlichen wie unnützen Hilfsgütern wie auch von Geld ergoss sich in das Reservat. Doch das war keine Dauerlösung.

Die Bevölkerungszahl explodierte förmlich auf fast 100 000, mit einem Zuwachs von über 1 000 Menschen im Jahr – Tendenz steigend.

Es gab nicht mehr genug Land für alle. Nur noch ein Teil des Volkes – 35 000 hatten die Fachleute errechnet –

konnte sich auf einem halbwegs akzeptablen Standard mit der Weidewirtschaft durchschlagen. Es mussten andere Wege gefunden werden, den Menschen ein Auskommen zu schaffen.

Doch immer noch wollten nur relativ wenige in der Welt der Weißen leben. Dort wurden sie diskriminiert; in vielen Fällen wurde ihnen der Zugang zu Restaurants, Kinos, Hotels und dergleichen verwehrt. Die Kinder wurden in den öffentlichen Schulen von ihren Klassenkameraden nicht akzeptiert. Das indirekte Resultat war: Wenn die Männer irgendwo Arbeit fanden und ihnen dann irgendetwas gegen den Strich ging, ließen sie alles liegen und stehen. Sie verschwanden, ohne ein Wort zu sagen, und erschienen nie wieder.

Doch die Navajos durchschritten auch dieses Tal und sprachen von einem vierten Neubeginn. Vier – das ist ihre heilige Zahl. 1967 war ihre Zahl auf 110 000 angewachsen – Tendenz weiter steigend. Kohle und Uran wurden abgebaut, und es floss Öl. Allein in den sechziger Jahren erlöste der Stammesrat rund 300 Millionen Dollar für die Vergabe der Schürfrechte. Diese Summen wurden nicht an einzelne Personen der Nation verteilt, sondern für die Verbesserung der Infrastruktur verwandt. Das brachte Geld unters Volk und schuf Arbeitsplätze. Die alten Fertigkeiten der Weberei und der Silberschmiedekunst wurden wieder belebt und brachten erstaunlich gute Einnahmen.

Die Tourismusindustrie entdeckte die einzigartigen Schönheiten des Navajo-Landes. Motels, Restaurants und Supermärkte entstanden, um die Ansprüche der Besucher zu befriedigen. Campervermietungen, Sightseeing Tours in Monument Valley und Canyon de Chelly, Verkaufsstände für Silberschmuck entlang der Straßen florierten. Aber der Ort Kayenta am Monument Valley wurde »trocken«, und nicht einmal zum abendlichen Essen durfte und darf der Besucher sich ein Bier genehmigen. Genauso konsequent wurde und wird das Monument Valley für Besucher abends geschlossen - wobei allerdings Sondergenehmigungen gegen horrende Summen durchaus gewährt werden. (Dann geht es um Werbefilme für Zigarettenfirmen, und wer will den Indianern verdenken, dass sie hier die Hand aufhalten.)

All das reichte natürlich noch nicht, um die wirtschaftliche Bilanz auszugleichen. Immer mehr Navajo suchten und fanden ihr Auskommen außerhalb des Reservats. Viele wanderten in die Städte der Umgebung ab.

Immer noch ist der Lebensstandard im Reservat niedriger als im übrigen - weißen - Amerika. Doch die Nation der Navajo ist mit inzwischen 200 000 Köpfen die größte, die fortschrittlichste, die wohlhabendste aller eingeborenen amerikanischen Völker. Ein Navajo hat es so auf den Punkt gebracht:

»Unser Land ist das Land der stets wechselnden, sich ändernden Farben, der goldenen Wüsten, der blutroten Mesas und Canyons; es ist das Hochland der grünen Fichten, der geheimnisvoll-dunklen Ponderosa-Kiefern, der schlanken, weißen Espen, der silbernen Weiten des Salbeibusches, über denen sich ein türkisfarbener Himmel wölbt und vom Paradies kündet. Es ist das Land, in dem wir leben.

In diesem Land haben wir die Spanier, die Missionare und die Verbannung nach Bosque Redondo überlebt. Wir haben die Suche nach Schönheit und Harmonie nie aufgegeben. Wir werden Navajos bleiben auf unserem eigenen Grund und Boden, und dieses Leben wird sich auch in hundert Jahren nicht geändert haben.«

Weiterführende Literatur

Emily Benedek, Beyond the Four Corners of the World – A Navajo Woman's Journey, 1998

Walking Turtle Eagle, Indian America – A Travellers Companion, John Muir Publications, Santa Fé 1995

Larry Evers (Hg.), The South Corner of Time, University of Arizona Press, Tucson 1980

Larry Evers (Hg.), Between Sacred Mountains – Navajo Stories and Lessons from the Land, Sun Tracks and The University of Arizona Press, Tucson 1982

Irvy W. Goossen, Sprechen, Lesen und Schreiben Sie Navajo, 2000 (Paperback mit Cassette)

Trudy Griffin-Pierce/Scott N. Momaday, Earth is My Mother, Sky is My Father, 1995

Elizabeth Compton Hegemann, Navaho Trading Days, University of New Mexico Press, Albuquerque 1963

W. W. Hill, Agricultural and Hunting Methods of the Navaho Indians, Yale University Publications in Anthropology, 1976

Tony Hillerman, Thriller-Serie um Captain Leaphorn, Rowohlt Taschenbuch Verlag, Reinbek

Lois Ersary Jacka, Enduring Traditions – Art of the Navajo, 1994

Stephen J. Kunitz, Drinking, Conduct Disorder, Social Change – Navajo Experience, 2000

Raymond Friday Locke, Book of the Navajo, 1992

Robert W. Morgan, Coyote Tales, 2000

Ronald B. Querry, The Death of Bernadette Lefthand, 1995

Erich Renner, Die Suche nach Harmonie, Navajo-Version, Deutscher Studien-Verlag, Weinheim 1996

Jeanne M. Simonelli, Crossing Between Worlds – The Navajos of Canyon de Chelly, 1997

Lawrence D. Sundby/ James C. Smith, Dinetah – An Early History of the Navajo People, 1995

Aimee and David Thurlo, Enemy Way, 1998

Ruth M. Underhill, The Navajos, University of Oklahoma Press, Norman 1956

Robert M. Utley/Wilcom E. Washburn, The Indian Wars, Barnes & Noble, New York 1992

Carl Waldman, Atlas of the North American – Facts on File, New York 1984

Paul E. Zolbrod, Dine Bahane – The Navajo Creation Story, University of New Mexico Press, Albuquerque 1984

Robert W. Young/ William Morgan, Colloquial Navajo – A Dictionary, 1994

Alle nicht mit Verlag aufgeführten Titel sind über Internet bei amazon.de erhältlich.

Über den Autor

Elmar Engel wurde 1933 im Saarland geboren. Nach dem (verkürzten) Besuch des Gymnasiums absolvierte er eine Lehre ... So beginnt sein Lebenslauf. Nichts deutete auf Außergewöhnliches hin.

Zusammen mit seiner Frau Brigitte stieg Elmar Engel aus, als noch keiner von Aussteigen sprach. Mit Kanu und Kajak trieben sie die Wildflüsse Europas hinunter. Dabei machten sie ihre ersten Gehversuche als Fotografen und Journalisten.

Als ihnen Europa zu eng wurde, gingen sie nach Kanada, befuhren die letzten ungezähmten Wildströme der Erde, lebten unter Indianern und Eskimos, berichteten in Wort und Bild über ihre Erlebnisse.

Heute, nach über 20 Jahren Abenteuer, großen Erfolgen, Beinahe-Katastrophen und manch herber Niederlage leben Brigitte und Elmar Engel in ihrem Blockhaus in der Wildnis des kanadischen Nordens ganz in der Nähe eines kleinen Indianerstammes. Längst gehören sie zu den anerkannten, geschätzten und vor allem gern gelesenen Autoren. Die Palette ihrer Veröffentlichungen mit der Thematik Reise - Kanu - Abenteuer - Wildnis - Ureinwohner - Umwelt - Überleben umfaßt neben ihrer sonstigen Presse- und Fernseharbeit inzwischen gut zwei Dutzend Buchtitel.

James BraveWolf: Von nun an bin ich Kriegerin

Eine indianische Erzählung

Lamuv Taschenbuch 120

Tecumseh, Sitting Bull, Geronimo - große Häuptlinge, deren Leben und Taten inzwischen viele kennen. Doch wer ist Lozen vom Stamme der Chihinne (bei uns besser bekannt als Apachen)? Ein zwölfjähriges Mädchen, das sich heimlich auf eine gefährliche Reise begibt, um ihr Volk vor dem drohenden Untergang zu retten.
»Eine eindringliche Geschichte, überzeugend erzählt.« (Dietmar Kuegler in: Zeitschrift für Amerikanistik)

Elmar Engel: Blackfoot, Cree, Mohawks …

Zur Geschichte der Indianer im Norden Amerikas

Lamuv Taschenbuch 140

»Diese Geschichte der Indianer in Kanada, die bislang im Gegensatz zu den in den USA lebenden Ureinwohnern nur wenig Aufmerksamkeit erfuhren, liest sich anschaulich und spannend. Von der Besiedlung Nordamerikas über die ersten europäischen Kontakte, dann die Indianerkriege, bis hinein ins 20. Jahrhundert wird der Bogen gespannt … Ein empfehlenswertes populäres Sachbuch.« (Reinhild Khan im ekz-Informationsdienst)

Elmar Engel: Geronimo und die Apachen

Lamuv Taschenbuch 161

Mexikaner wie US-Amerikaner versuchen im 19. Jahrhundert, die Indianer im Südwesten Nordamerikas niederzuwerfen und in Reservate zu pferchen. Die Apachen graben das Kriegsbeil aus, leisten erbitterten Widerstand. Ihr Häuptling Geronimo wird jahrzehntelang von den Weißen gejagt, verliert Frau und Kinder, schwört Rache, bringt den Weißen manche Niederlage bei … Er, der am Ende doch die Waffen strecken musste, ist zu einer sagenumwobenen Gestalt geworden, dessen Lebensgeschichte mehrfach verfilmt wurde.